政府财务报告编制办法及操作指南

（含财政总会计制度）

中华人民共和国财政部 制定

图书在版编目（CIP）数据

政府财务报告编制办法及操作指南：含财政总会计制度/中华人民共和国财政部制定. —上海：立信会计出版社，2024.2
ISBN 978-7-5429-7596-6

Ⅰ.①政… Ⅱ.①中… Ⅲ.①国家机构—财务管理—研究报告—编制—中国 Ⅳ.①F812

中国国家版本馆 CIP 数据核字（2024）第 046634 号

责任编辑　蔡伟莉

政府财务报告编制办法及操作指南（含财政总会计制度）
ZHENGFU CAIWU BAOGAO BIANZHI BANFA JI CAOZUO ZHINAN

出版发行　立信会计出版社	
地　　址　上海市中山西路 2230 号	邮政编码　200235
电　　话　（021）64411389	传　　真　（021）64411325
网　　址　www.lixinaph.com	电子邮箱　lixinaph2019@126.com
网上书店　http://lixin.jd.com	http://lxkjcbs.tmall.com
经　　销　各地新华书店	

印　　刷	北京鑫海金澳胶印有限公司
开　　本	710 毫米 ×1000 毫米　1/16
印　　张	20.5
字　　数	325 千字
版　　次	2024 年 2 月第 1 版
印　　次	2024 年 2 月第 1 次
书　　号	ISBN 978-7-5429-7596-6/F
定　　价	76.00 元

如有印订差错，请与本社联系调换

目　录

政府财务报告编制办法 ... 001

第一章　总则 ... 001
第二章　政府财务报告主要内容 ... 002
第一节　政府部门财务报告主要内容 ... 002
第二节　政府综合财务报告主要内容 ... 002
第三章　政府财务报告编制 ... 003
第一节　政府部门财务报告编制 ... 004
第二节　政府综合财务报告编制 ... 004
第四章　政府财务报告审核 ... 005
第五章　政府财务报告报送和备案 ... 006
第六章　政府财务报告数据资料管理 ... 006
第七章　职责分工 ... 007
第八章　罚则 ... 008
第九章　附则 ... 008

政府部门财务报告编制操作指南 ········ 009

第一章　总则 ··· 009
第二章　政府部门会计报表项目 ······································· 010
　　第一节　资产负债表项目 ··· 010
　　第二节　收入费用表项目 ··· 013
第三章　政府部门财务报表编制 ······································· 015
　　第一节　单位会计报表编制 ·· 016
　　第二节　部门合并会计报表编制 ···································· 016
　　第三节　会计报表附注编制 ·· 019
第四章　政府部门财务分析 ··· 021
　　第一节　内容构成 ·· 021
　　第二节　分析方法和指标 ··· 022
第五章　附则 ··· 023

政府综合财务报告编制操作指南 ········ 085

第一章　总则 ··· 085
第二章　政府综合会计报表项目 ······································· 086
　　第一节　资产负债表项目 ··· 086
　　第二节　收入费用表项目 ··· 088
第三章　政府综合会计报表编制 ······································· 090
　　第一节　本级政府综合会计报表编制 ···························· 090

第二节　行政区政府综合会计报表编制 …………………………… 099

第四章　会计报表附注编制 ………………………………………………… 103

   第一节　会计报表附注内容 ……………………………………………… 103

   第二节　会计报表的编制基础 …………………………………………… 103

   第三节　遵循相关制度规定的声明 ……………………………………… 103

   第四节　会计报表的合并范围 …………………………………………… 103

   第五节　重要会计政策与会计估计变更情况 …………………………… 103

   第六节　会计报表重要项目明细信息及说明 …………………………… 104

   第七节　需要说明的其他事项 …………………………………………… 105

第五章　政府财政经济分析 ………………………………………………… 105

   第一节　政府财政经济分析主要内容 …………………………………… 105

   第二节　政府财政经济分析方法和指标 ………………………………… 106

第六章　政府财政财务管理情况 …………………………………………… 108

   第一节　政府预算管理情况 ……………………………………………… 108

   第二节　政府资产负债管理情况 ………………………………………… 108

   第三节　政府收支管理情况 ……………………………………………… 109

第七章　附则 ………………………………………………………………… 109

财政总会计制度 …………………………………………………… 190

第一章　总则 ………………………………………………………… 190

第二章　会计要素 …………………………………………………… 192

   第一节　资产 ……………………………………………………… 192

   第二节　负债 ……………………………………………………… 193

第三节　净资产 …………………………………………… 194

　　第四节　收入 ……………………………………………… 195

　　第五节　费用 ……………………………………………… 196

　　第六节　预算收入 ………………………………………… 197

　　第七节　预算支出 ………………………………………… 199

　　第八节　预算结余 ………………………………………… 201

第三章　会计科目 ……………………………………………… 201

　　一、资产类 ………………………………………………… 209

　　二、负债类 ………………………………………………… 220

　　三、净资产类 ……………………………………………… 229

　　四、收入类 ………………………………………………… 233

　　五、费用类 ………………………………………………… 239

　　六、预算收入类 …………………………………………… 247

　　七、预算支出类 …………………………………………… 256

　　八、预算结余类 …………………………………………… 265

第四章　会计结账和结算 ……………………………………… 271

第五章　会计报表 ……………………………………………… 273

第六章　信息化管理 …………………………………………… 306

第七章　会计监督 ……………………………………………… 307

第八章　附则 …………………………………………………… 307

《财政总会计制度》与《财政总预算会计制度》
有关衔接问题的处理规定 …………………………………… 309

政府财务报告编制办法

(财库〔2023〕21号印发)

第一章 总 则

第一条 为规范权责发生制政府财务报告编制工作，确保政府财务报告真实、准确、完整、规范，根据《中华人民共和国预算法》《中华人民共和国预算法实施条例》《中华人民共和国会计法》《国务院关于批转财政部权责发生制政府综合财务报告制度改革方案的通知》（国发〔2014〕63号）、政府会计准则制度等规定，制定本办法。

第二条 本办法适用于各级政府、各部门、各单位。

第三条 政府财务报告以权责发生制为基础编制，包括政府部门财务报告和政府综合财务报告。

政府部门财务报告由政府部门编制，主要反映本部门财务状况、运行情况等，为加强政府部门资产负债管理、预算管理、绩效管理等提供信息支撑。

政府综合财务报告由政府财政部门编制，包括本级政府综合财务报告和行政区政府综合财务报告，分别反映本级政府整体和行政区政府整体财务状况、运行情况和财政中长期可持续性等，可作为考核地方政府绩效、开展地方政府信用评级、评估预警地方政府债务风险、编制全国和地方资产负债表以及制定财政中长期规划和其他相关规划的重要依据。

本办法所称本级政府整体财务状况、运行情况，是指将政府财政、各部门和其他被合并主体的财务报表进行合并，以合并结果反映的财务状况和运行情况。行政区政府整体财务状况、运行情况是指将本级政府和所辖各级政府的财务报表进行合并，以合并结果反映的财务状况和运行情况。

第二章 政府财务报告主要内容

第一节 政府部门财务报告主要内容

第四条 政府部门财务报告应当包括财务报表和财务分析。财务报表包括会计报表和报表附注。

第五条 会计报表主要包括资产负债表、收入费用表等。

资产负债表重点反映政府部门年末财务状况。资产负债表应当按照资产、负债和净资产分类分项列示。其中，资产应当按照流动性分类分项列示，包括流动资产、非流动资产等；负债应当按照流动性分类分项列示，包括流动负债、非流动负债等。

收入费用表重点反映政府部门年度运行情况。收入费用表应当按照收入、费用和盈余分类分项列示。

第六条 报表附注重点对会计报表作进一步解释说明，主要包括会计报表编制基础、遵循相关制度规定的声明、合并范围、重要会计政策与会计估计变更情况、会计报表重要项目明细信息及说明等事项。

第七条 政府部门财务分析主要包括财务状况分析、运行情况分析、财务管理情况等。

第二节 政府综合财务报告主要内容

第八条 政府综合财务报告应当包括财务报表、财政经济分析和财政财务管理情况等。财务报表包括会计报表和报表附注。

第九条 会计报表主要包括资产负债表、收入费用表等。

资产负债表重点反映政府整体年末财务状况。资产负债表应当按照资产、负债和净资产分类分项列示。其中，资产应当按照流动性分类分项列示，包括流动资产、非流动资产等；负债应当按照流动性分类分项列示，包括流动负债、非流动负债等。

收入费用表重点反映政府整体年度运行情况。收入费用表应当按照收入、费用和盈余分类分项列示。

第十条 报表附注重点对会计报表作进一步解释说明，主要包括会计报表编制基础、遵循相关制度规定的声明、会计报表包含的主体范围、重要会计政策与会计估计变更情况、会计报表重要项目明细信息及说明等事项。

第十一条 政府财政经济分析应当包括财务状况分析、运行情况分析、财政中长期可持续性分析等。

政府财务状况分析主要包括：资产方面，重点分析政府资产的构成及分布，对于长期投资、在建工程、公共基础设施、保障性住房等重要项目，分析各资产比重变化趋势以及对于政府偿债能力和公共服务能力的影响。负债方面，重点分析政府债务规模大小、债务结构以及发展趋势。通过政府资产负债率等指标，分析政府当期债务风险情况。

政府运行情况分析主要包括：收入方面，重点分析政府收入规模、结构及来源分布、重点收入项目的比重及变化趋势，特别是宏观经济运行、税收政策等对政府收入变动的影响。费用方面，重点按照经济分类分析政府费用规模及构成、重点费用项目的比重及变化趋势，特别是政府投融资情况对政府费用变动的影响。通过收入费用率等指标，分析政府运行效率。

财政中长期可持续性分析主要包括：基于当前政府财政财务状况和运行情况，结合本地区经济形势、重点产业发展趋势、财政体制、财税政策、社会保障政策、相关负债占 GDP 比重等，预测财政收支缺口，全面分析政府未来中长期收入支出等变化趋势。

第十二条 政府财政财务管理情况，主要反映政府财政财务管理的政策要求、主要措施和取得成效等。

第三章 政府财务报告编制

第十三条 政府财务报告内容应当符合政府会计准则制度等规定。

对于政府会计准则制度尚未作出规定的经济业务或事项，编制政府财务报告应当按照权责发生制原则和相关报告标准规定执行。

第十四条 政府财务报告按公历年度编制，即每年 1 月 1 日至 12 月 31 日。

第十五条 政府财务报告应当以人民币作为报告币种。

第十六条 政府财务报告应当以经核对无误的会计账簿数据为基础编制。

第十七条 政府财务报告格式应当符合财政部统一规定。

第一节 政府部门财务报告编制

第十八条 政府部门财务报告由本部门所属单位按照财务管理关系逐级编制。

第十九条 各部门、各单位是本部门、本单位财务报告的管理主体，对本部门、本单位财务报告的真实性、准确性、完整性和规范性负责。

第二十条 政府各部门应当严格按照相关财政财务管理制度以及政府会计准则制度规定，全面清查核实资产负债，完善基础资料，做到账实相符、账证相符、账账相符、账表相符。政府各部门应当认真组织开展部门与财政之间、部门与部门之间、部门内部单位之间经济业务或事项的对账工作。各单位应当认真开展本单位与财政之间、与其他单位之间经济业务或事项的对账工作。

第二十一条 政府各部门应当对所属各单位财务报表进行合并，编制本部门财务报表。

编制合并财务报表时，对部门内部单位之间发生的经济业务或事项应当经过确认后抵销，并编制抵销分录，在此基础上分项生成合并财务报表项目。

第二十二条 政府部门财务报表之间、财务报表各项目之间，凡有对应关系的数字，应当相互一致；报表中本期与上期有关的数字应当衔接。

第二十三条 政府部门财务分析应当基于财务报表所反映的信息，结合政府部门职能，重点分析资产状况、债务风险、收入费用、预算管理和绩效管理等方面。

第二节 政府综合财务报告编制

第二十四条 政府财政部门应当以财政总会计报表、部门财务报表、土地储备资金财务报表等为基础编制政府综合财务报表。

第二十五条 政府财政部门应当严格按照相关财政管理制度以及政府会计准则制度规定，全面清查核实相关资产负债等，做到账实相符、账证相符、账账相符、账表相符。

第二十六条 编制本级政府综合财务报表时，应当对本级财政总会计报表、部门财务报表、土地储备资金财务报表等报表之间经济业务或事项进行确认后抵销，并编制抵销分录，在此基础上分项合并生成综合财务报表项目。

县级以上政府财政部门要合并本级政府综合财务报表和下级政府综合财务报表，编制本行政区政府综合财务报表。

第二十七条　政府综合财务报表之间、财务报表各项目之间，凡有对应关系的数字，应当相互一致；报表中本期与上期有关的数字应当衔接。

第二十八条　政府财政经济分析应当基于财务报表所反映的信息，结合经济形势状况和趋势、财政管理政策措施，对政府整体财务状况、运行情况以及财政中长期可持续性进行综合性分析。

第四章　政府财务报告审核

第二十九条　政府财务报告审核重点是报告的真实性、准确性、完整性和规范性，具体包括：

（一）真实性：报表数据与会计账簿数据是否相符，是否有漏报、虚报和瞒报等现象；

（二）准确性：财务报表表内、表间勾稽关系是否衔接，抵销调整事项是否合理、准确，纸质数据与电子数据是否保持一致；

（三）完整性：是否涵盖所有报告主体和事项，报告内容是否完整；

（四）规范性：会计报表、报表附注、分析说明的格式等是否符合政府财务报告编制制度规定。

第三十条　政府各部门、各单位应当对本部门、本单位财务报告真实性、准确性、完整性、规范性进行初审。政府财政部门应当对部门财务报告的准确性、完整性、规范性进行复审。

各级政府财政部门应当对本级政府综合财务报告真实性、准确性、完整性、规范性进行初审。上级财政部门应当对下级政府综合财务报告的准确性、完整性、规范性进行复审。

第三十一条　政府财务报告审核包括自行审核、集中会审、委托审核等多种形式。

（一）自行审核：各单位在报送财务报告前自行按规定的审核内容逐项审核本单位财务报告；

（二）集中会审：各地区、各部门组织专门力量对本地区、本部门及所属单位编制的财务报告纸质报表、电子数据以及相关资料，按照财政部门的标准及要求集中进行审核；

（三）委托审核：各地区、各部门在遵循有关法律法规的前提下，可委托中介机构对本地区、本部门及所属单位编制的财务报告纸质报表、电子数据以及相关资料进行审核。

第三十二条　各地区、各部门应当认真做好财务报告审核工作，凡发现报告编制不符合规定，存在漏报、重报、虚报、瞒报、错报以及相关数据不衔接等错误和问题，应当要求有关单位立即纠正，并限期重新报送。

第三十三条　政府财务报告审核应当依据政府会计准则制度、政府财务报告编制制度等规定，采取人工审核和系统审核相结合方式进行。人工审核侧重于财务报告完整性、规范性等方面；系统审核侧重于财务报告数据准确性及勾稽关系等方面。

第五章　政府财务报告报送和备案

第三十四条　政府各单位应当按照财务管理关系，按规定内容和时限采取自下而上方式逐级报送财务报告。

第三十五条　政府各部门应当按规定内容和时限将部门财务报告报送同级政府财政部门，并按照审计相关规定接受审计机关审计。

第三十六条　县级以上地方政府财政部门应当按规定内容和时限，将政府综合财务报告报送上级政府财政部门，并按照审计相关规定接受审计机关审计。经审计的政府综合财务报告，适时报本级人民代表大会常务委员会备案。

第六章　政府财务报告数据资料管理

第三十七条　政府财务报告数据资料包括以各种介质存放的政府财务报告及相关工作底稿等。

第三十八条　各部门、各单位应当按照会计档案管理相关规定，对部门财务报告数据资料进行归类整理、建档建库，并对电子数据进行备份保存。

各级政府财政部门应当按照会计档案管理相关规定对政府综合财务报告数据资料进行归类整理、建档建库，并对电子数据进行备份保存。

第三十九条　政府财务报告数据资料涉及国家秘密的，应当依法严格执行保密规定。

第七章　职责分工

第四十条　财政部是政府财务报告编制管理工作的主管部门。其职责主要是：

（一）制定政府财务报告编制的制度办法；

（二）制定全国统一的政府财务报告报表体系，明确报表格式要求和填报口径，完善系统建设规范，组织和指导全国政府财务报告编制的布置与培训；

（三）组织和指导全国政府财务报告的收集、审核、合并汇总和报送工作；

（四）组织和指导全国政府财务报告数据的分析利用；

（五）建立和管理全国政府财务报告数据库；

（六）审核中央政府各部门财务报告；

（七）合并编制中央政府综合财务报告；

（八）审核省本级和全省政府综合财务报告，合并汇总编制全国政府综合财务报告。

第四十一条　地方各级财政部门负责组织实施本地区政府财务报告的编制管理工作。其职责主要是：

（一）组织和指导本地区政府财务报告编制及系统使用的布置与培训；

（二）组织和指导本地区政府财务报告的收集、审核、合并汇总和报送工作；

（三）组织和指导本地区政府财务报告数据的分析利用；

（四）建立和管理本地区政府财务报告数据库；

（五）审核本级政府各部门财务报告；

（六）合并编制本级政府综合财务报告；

（七）审核下级政府综合财务报告，合并汇总编制本行政区政府综合财务报告。

第四十二条　各部门负责组织实施本部门财务报告的编制管理工作，配合财政部门开展政府综合财务报告编制。其职责主要是：

（一）组织本部门所属单位财务报告编制及系统使用的布置与培训；

（二）组织和指导本部门所属单位财务报告的收集、审核、合并汇总和报送工作；

（三）组织本部门财务报告数据的分析利用；

（四）建立和管理本部门所属单位财务报告数据库；

（五）审核本部门所属单位财务报告，合并编制本部门财务报告。

（六）提供编制政府综合财务报告所需数据和资料。

第八章 罚 则

第四十三条 编制部门或单位未按照政府会计准则制度和有关政策要求编报，导致政府财务报告内容不完整、信息披露不充分、数据信息质量较差的，责令重新编报，并适时予以通报批评。

第四十四条 政府财务报告编制工作中有弄虚作假、提供虚假财务信息，以及严重故意漏报、瞒报等行为的，按照《中华人民共和国预算法》《中华人民共和国会计法》《财政违法行为处罚处分条例》等有关法律法规予以处理。

第九章 附 则

第四十五条 本办法自 2024 年 1 月 1 日起施行，财政部于 2019 年印发的《政府财务报告编制办法（试行）》（财库〔2019〕56 号）同时废止。

政府部门财务报告编制操作指南

(财库〔2023〕22号印发)

第一章 总 则

第一条 为规范政府部门财务报告编制工作，确保政府部门和单位准确、完整编制政府部门财务报告，根据《政府财务报告编制办法》和政府会计准则制度等，制定本指南。

第二条 政府部门财务报告以权责发生制为基础，主要反映政府部门的财务状况、运行情况等信息，具体包括财务报表和财务分析。

第三条 财务报表包括会计报表和报表附注。会计报表主要包括资产负债表、收入费用表等。

（一）资产负债表。反映政府部门年末财务状况。资产负债表应当按照资产、负债和净资产分类分项列示。

（二）收入费用表。反映政府部门年度运行情况。收入费用表应当按照收入、费用和盈余分类分项列示。

（三）报表附注。重点对会计报表作进一步解释说明。

第四条 政府部门财务分析主要包括财务状况分析、运行情况分析、相关指标变化情况及趋势分析，以及政府部门财务管理方面采取的主要措施和取得成效等。

第五条 政府部门财务报告编制范围包括：

（一）部门及部门所属的行政事业单位，不包括企业（集团）下属的事业单位。

（二）与同级财政部门有预算拨款关系的社会团体。

财政部对政府部门财务报告编制范围另有规定的，依照其规定。

各单位应当按照本指南规定编制本单位财务报告并按照财务管理关系报

送上级单位；上级单位除编制本单位财务报告外，还应当按照本指南规定对本单位和所属单位财务报表进行合并，编制合并财务报告。主管部门编制的合并财务报告，即部门财务报告。

第二章 政府部门会计报表项目

第一节 资产负债表项目

第六条 资产负债表（附1中表1）具体包括如下项目：

（一）资产类项目。

1. 货币资金，反映政府部门期末持有的货币资金余额，包括库存现金、银行存款和其他货币资金等。

2. 短期投资，反映政府部门期末持有的短期投资账面余额。

3. 财政应返还额度，反映政府部门期末财政应返还额度的金额。

4. 应收票据，反映政府部门期末持有的应收票据的票面金额。

5. 应收账款净额，反映政府部门期末尚未收回的应收账款减去已计提的坏账准备后的净额。

6. 预付账款，反映政府部门期末预付给商品或者劳务供应单位的款项余额。

7. 应收股利，反映政府部门期末因股权投资而应收取的现金股利或应当分得的利润。

8. 应收利息，反映政府部门期末因债券投资等而应收取的利息。

9. 其他应收款净额，反映政府部门期末尚未收回的其他应收款减去已计提的坏账准备后的净额。

10. 存货，反映政府部门期末存储的存货的实际成本。

11. 待摊费用，反映政府部门期末已经支出，但应当由本期和以后各期负担的分摊期在1年内（含1年）的各项费用。

12. 一年内到期的非流动资产，反映政府部门期末非流动资产项目中将在1年内（含1年）到期的金额，如事业单位将在1年内（含1年）到期的长期债券投资金额。

13. 其他流动资产，反映政府部门期末除本表中上述各项之外的其他流动资产的合计金额。

14. 长期股权投资，反映政府部门期末持有的长期股权投资的账面余额。

15. 长期债券投资，反映政府部门期末持有的长期债券投资的账面余额，不包含将于1年内（含1年）到期的部分。

16. 固定资产原值，反映政府部门期末固定资产的原值。

固定资产累计折旧，反映政府部门期末固定资产已计提的累计折旧金额。

固定资产净值，反映政府部门期末固定资产的原值减累计折旧的余额。

17. 工程物资，反映政府部门期末为在建工程准备的各种物资的实际成本。

18. 在建工程，反映政府部门期末所有的建设项目工程的实际成本。

19. 无形资产原值，反映政府部门期末无形资产的原值。

无形资产累计摊销，反映政府部门期末无形资产已计提的累计摊销金额。

无形资产净值，反映政府部门期末无形资产的原值减累计摊销的余额。

20. 研发支出，反映政府部门期末正在进行的无形资产开发项目开发阶段发生的累计支出数。

21. 公共基础设施原值，反映政府部门期末控制的公共基础设施的原值。

公共基础设施累计折旧（摊销），反映政府部门期末控制的公共基础设施已计提的累计折旧和累计摊销金额。

公共基础设施净值，反映政府部门期末控制的公共基础设施的原值减累计折旧（摊销）的余额。

22. 政府储备物资，反映政府部门期末控制的政府储备物资的实际成本。

23. 文物文化资产，反映政府部门期末控制的文物文化资产的成本。

24. 保障性住房原值，反映政府部门期末控制的保障性住房的原值。

保障性住房累计折旧，反映政府部门期末控制的保障性住房已计提的累计折旧金额。

保障性住房净值，反映政府部门期末控制的保障性住房的原值减累计折旧的余额。

25. 长期待摊费用，反映政府部门期末已经支出，但应由本期和以后各期负担的分摊期限在1年以上（不含1年）的各项费用。

26. 待处理财产损溢，反映政府部门期末尚未处理完毕的各种资产的净损失或净溢余。

27.其他非流动资产,反映政府部门期末除本表中上述各项之外的其他非流动资产的合计数。

28.受托代理资产,反映政府部门期末受托代理资产的价值。

(二)负债类项目。

1.短期借款,反映政府部门期末短期借款的余额。

2.应交增值税,反映政府部门期末应缴未缴的增值税税额。

3.其他应交税费,反映政府部门期末应缴未缴的除增值税以外的税费金额。

4.应缴财政款,反映政府部门期末应当上缴财政但尚未缴纳的款项。

5.应付职工薪酬,反映政府部门期末按有关规定应付给职工及为职工支付的各种薪酬。

6.应付票据,反映政府部门期末应付票据的金额。

7.应付账款,反映政府部门期末应当支付但尚未支付的偿还期限在1年内(含1年)的应付账款的金额。

8.应付政府补贴款,反映负责发放政府补贴的政府部门期末按照规定应当支付给政府补贴接受者的各种政府补贴款余额。

9.应付利息,反映政府部门期末按照合同约定应支付的借款利息。事业单位到期一次还本付息的长期借款利息不包括在本项目内。

10.预收账款,反映政府部门期末预先收取但尚未确认收入和实际结算的款项余额。

11.其他应付款,反映政府部门期末其他各项偿还期限在1年内(含1年)的应付及暂收款项余额。

12.预提费用,反映政府部门期末已预先提取的已经发生但尚未支付的各项费用。

13.一年内到期的非流动负债,反映政府部门期末将于1年内(含1年)偿还的非流动负债的余额。

14.其他流动负债,反映政府部门期末除本表中上述各项之外的其他流动负债的合计数。

15.长期借款,反映政府部门期末长期借款的余额,不包含将于1年内(含1年)到期的部分。

16. 长期应付款，反映政府部门期末长期应付款的余额，不包含将于 1 年内（含 1 年）到期的部分。

17. 预计负债，反映政府部门期末已确认但尚未偿付的预计负债的余额。

18. 其他非流动负债，反映政府部门期末除本表中上述各项之外的其他非流动负债的合计数。

19. 受托代理负债，反映政府部门期末受托代理负债的金额。

（三）净资产类项目。

1. 累计盈余，反映政府部门期末未分配盈余（或未弥补亏损）以及无偿调拨净资产变动的累计数。

2. 专用基金，反映政府部门期末累计提取或设置但尚未使用的专用基金余额。

3. 权益法调整，反映政府部门期末在被投资单位除净损益和利润分配以外的所有者权益变动中累积享有的份额。

第二节　收入费用表项目

第七条　收入费用表（附 1 中表 2）具体包括如下项目：

（一）收入类项目。

1. 财政拨款收入，反映政府部门本期从同级政府财政部门取得的各类财政拨款。

2. 事业收入，反映政府部门本期开展专业业务活动及其辅助活动实现的收入。

3. 上级补助收入，反映政府部门本期从主管部门和上级单位收到或应收的非财政拨款收入。

4. 附属单位上缴收入，反映政府部门本期收到或应收的独立核算的附属单位按照有关规定上缴的收入。

5. 经营收入，反映政府部门本期在专业业务活动及其辅助活动之外开展非独立核算经营活动实现的收入。

6. 非同级财政拨款收入，反映政府部门本期从同级财政以外的同级政府部门取得的横向转拨财政款，以及从上级或下级政府（包括政府财政和政府部门）取得的各类财政款。不包含事业单位因开展专业业务活动及其辅助活动从非同级财政部门取得的经费拨款。

7. 投资收益，反映政府部门本期股权投资和债券投资所实现的收益或发生的损失。

8. 捐赠收入，反映政府部门本期接受捐赠取得的收入。

9. 利息收入，反映政府部门本期取得的银行存款利息收入。

10. 租金收入，反映政府部门本期经批准利用国有资产出租取得并按规定纳入本单位预算管理的租金收入。

11. 其他收入，反映政府部门本期取得的除以上收入项目外的其他收入。

（二）费用类项目（表2-1）。

1. 业务活动费用，反映政府部门本期为实现其职能目标，依法履职或开展专业业务活动及其辅助活动所发生的各项费用。

2. 单位管理费用，反映政府部门所属事业单位等本期本级行政及后勤管理部门开展管理活动发生的各项费用，以及由政府部门统一负担的离退休人员经费、工会经费、诉讼费、中介费等。

3. 经营费用，反映政府部门本期在专业业务活动及其辅助活动之外开展非独立核算经营活动发生的各项费用。

4. 资产处置费用，反映政府部门本期经批准处置资产时转销的资产价值以及在处置过程中发生的相关费用或者处置收入小于处置费用形成的净支出。

5. 上缴上级费用，反映政府部门本期按照规定上缴上级单位款项发生的费用。

6. 对附属单位补助费用，反映政府部门本期用财政拨款收入之外的收入对附属单位补助发生的费用。

7. 所得税费用，反映政府部门有企业所得税缴纳义务的单位本期计算应交纳的企业所得税。

8. 其他费用，反映政府部门本期发生的除以上费用项目外的其他费用的总额。

（三）费用类项目（表2-2）。

1. 工资福利费用，反映政府部门本期发生的给在职职工和编制外长期聘用人员的各类劳动报酬，以及为上述人员缴纳的各项社会保险费等。

2. 商品和服务费用，反映政府部门本期购买商品和服务发生的费用金额。

3. 对个人和家庭的补助费用，反映政府部门本期用于对个人和家庭的补助金额。

4. 对企业补助费用，反映政府部门本期对各类企业的补助。

5. 固定资产折旧费用，反映政府部门本期对固定资产提取的折旧费用。

6. 无形资产摊销费用，反映政府部门本期对无形资产提取的摊销费用。

7. 公共基础设施折旧（摊销）费用，反映政府部门本期对公共基础设施提取的折旧（摊销）费用。

8. 保障性住房折旧费用，反映政府部门本期对保障性住房提取的折旧费用。

9. 计提专用基金，反映政府部门本期按照规定从收入中提取的专用基金。

10. 资产处置费用，反映政府部门本期经批准处置资产时转销的资产价值以及在处置过程中发生的相关费用或者处置收入小于处置费用形成的净支出。

11. 上缴上级费用，反映政府部门本期按照规定上缴上级单位款项发生的费用。

12. 对附属单位补助费用，反映政府部门本期用财政拨款收入之外的收入对附属单位补助发生的费用。

13. 所得税费用，反映有企业所得税缴纳义务的政府部门本期计算应交纳的企业所得税。

14. 其他费用，反映政府部门本期发生的除以上费用项目外的其他费用的总额。

（四）盈余类项目。

本年盈余，反映政府部门本期收入扣除本期费用后的净额。

第三章　政府部门财务报表编制

第八条　政府部门财务报表编制工作分为两个阶段：

（一）编制单位财务报表。单位按照《单位基础信息清单》（附5）填写基础信息，并根据执行的会计制度和《会计报表项目对照表》（附2）编制财务报表。

（二）编制合并财务报表。有下属单位的单位除编制本单位财务报表外，应逐级对本单位和所属单位会计报表数据进行合并，编制合并财务报表。

第一节　单位会计报表编制

第九条　各单位按照《会计报表项目对照表》（附2），将本单位会计报表中的资产、负债、净资产、收入和费用类项目金额填入资产负债表、收入费用表对应的报表项目。

资产负债表的年初数原则上应与上年的年末数相等。收入费用表的上年数原则上应与上年的本年数相等。涉及会计差错更正、会计政策变更等调整以前年度盈余事项的，资产负债表年初数按调整后的数据填列。

第二节　部门合并会计报表编制

第十条　合并资产负债表和收入费用表的编制包括汇总单位会计报表、编制抵销分录、生成合并会计报表三个步骤。

（一）汇总单位会计报表。

上级单位对本单位和各所属单位上报的资产负债表和收入费用表进行分项加总，得出汇总的会计报表。

（二）编制抵销分录。

上级单位按照《抵销事项清单》（附4）对本单位、所属单位之间发生的经济业务或事项，确认后予以抵销，并编制抵销分录和抵销工作底表（附3）。按照重要性原则，设定10万元抵销阈值。对于单位和单位之间的债权债务事项，年末余额不超过10万元的，可以不进行抵销。对于单位和单位之间的收入费用事项，本年累计发生额不超过10万元的，可以不进行抵销。具备条件的须应抵尽抵，不受阈值限制。

1. 抵销政府部门内部债权债务事项。

对于经确认的内部债权债务事项，要编制抵销分录：借记"应付票据""应付账款""预收账款""其他应付款""长期应付款"；贷记"应收票据""应收账款""预付账款""其他应收款"。已计提坏账准备的债权债务事项，应按债权债务原值编制抵销分录，同时应抵销已计提的坏账准备，借记"应收账款净额——坏账准备""其他应收款净额——坏账准备"，贷记"累计盈余"（以前年度计提的金额）、"其他费用"（当期补提或冲减的金额）。

例：A 单位有 2 个所属单位 A1、A2 单位。A1 单位会计报表"其他应收款"明细信息显示，A1 单位应收 A2 单位款项 500 万元，A2 单位会计报表"其他应付款"明细信息显示，A2 单位应付 A1 单位款项 500 万元。A 单位经与 A1、A2 两单位确认无误后，在编制合并会计报表时，抵销分录如下（分录金额为万元，下同）：

借：其他应付款——A1 单位　　　　　　　　500
　　贷：其他应收款——A2 单位　　　　　　　　500

例：B 单位有 2 个所属单位 B1、B2 单位。B1 单位会计报表"应收账款"明细信息显示，应收 B2 单位款项 100 万元，假设该单位按照账龄分析法对此应收账款计提坏账准备 10 万元，年末应收账款净额为 90 万元。B2 单位会计报表"应付账款"明细信息显示，应付 B1 单位款项 100 万元。B 单位经与 B1、B2 两单位确认无误后，第一年编制合并会计报表时，抵销分录如下：

借：应付账款——B1 单位　　　　　　　　100
　　贷：应收账款——B2 单位　　　　　　　　100
借：应收账款净额——坏账准备　　　　　　10
　　贷：其他费用　　　　　　　　　　　　　10

第二年，B1 单位对该应收账款补提 5 万元的坏账准备，年末应收账款净额为 85 万元。第二年编制合并财务报表时，抵销分录如下：

借：应付账款——B1 单位　　　　　　　　100
　　贷：应收账款——B2 单位　　　　　　　　100
借：应收账款净额——坏账准备　　　　　　15
　　贷：其他费用　　　　　　　　　　　　　5
　　　　累计盈余　　　　　　　　　　　　　10

第三年，B1 单位收回该应收账款 50 万元，冲减 8 万元的坏账准备，年末应收账款净额为 43 万元。第三年编制合并财务报表时，抵销分录如下：

借：应付账款——B1 单位　　　　　　　　50
　　贷：应收账款——B2 单位　　　　　　　　50
借：应收账款净额——坏账准备　　　　　　7
　　贷：其他费用　　　　　　　　　　　　　−8
　　　　累计盈余　　　　　　　　　　　　　15

2. 抵销政府部门内部收入费用事项。

对经确认的内部收入费用事项，应编制抵销分录：

（1）"上级补助收入"与"对附属单位补助费用"之间存在抵销关系，抵销分录为：借记"上级补助收入"，贷记"对附属单位补助费用"。

（2）"附属单位上缴收入""其他收入"（行政单位使用）与"上缴上级费用"之间存在抵销关系，抵销分录为：借记"附属单位上缴收入""其他收入"（行政单位使用），贷记"上缴上级费用"。

（3）"事业收入""非同级财政拨款收入""经营收入""租金收入""其他收入"中属于来自本部门内部单位的部分与"业务活动费用（商品和服务费用、其他费用）""单位管理费用（商品和服务费用、其他费用）""经营费用（商品和服务费用、其他费用）""其他费用"中属于支付给本部门内部单位的部分存在抵销关系，抵销分录为：借记"事业收入""非同级财政拨款收入""经营收入""租金收入""其他收入"，贷记"业务活动费用（商品和服务费用、其他费用）""单位管理费用（商品和服务费用、其他费用）""经营费用（商品和服务费用、其他费用）""其他费用"。对涉及增值税的应税业务，按扣除增值税后的净额抵销。

例：A 单位有 2 个所属单位 A1、A2 单位。A1 单位会计报表"事业收入"明细信息显示，A1 单位收到来自 A2 单位款项为 113 万元，A2 单位会计报表"业务活动费用（商品和服务费用）"明细信息显示，A2 单位支付给 A1 单位款项 113 万元。A 单位经与 A1、A2 两单位确认无误后，在编制合并会计报表时，抵销分录如下：

借：事业收入——A2 单位　　　　　　　　　　113
　　贷：业务活动费用（商品和服务费用）——A1 单位　　113

例：B 单位有 2 个所属单位 B1、B2 单位，B1 单位收到来自 B2 单位款项 100 万元，增值税 13 万元，B2 单位支付 B1 单位款项 113 万元，B 单位经与 B1、B2 两单位确认无误后，在编制合并会计报表时，抵销分录如下：

借：事业收入——B2单位　　　　　　　　　　　100
　　贷：业务活动费用（商品和服务费用）——B1单位　　100

3. 政府部门内部特殊情况抵销事项。

按照《政府会计准则制度解释第4号》增加政府部门内部特殊情况抵销事项。在各单位充分对账、会计处理正确的前提下，部门合并主体对于按照规定未能进行抵销处理，且不属于规定的不抵销事项，可以直接按照内部业务或事项的金额编制抵销分录：借记有关应付及预收、收入项目，贷记有关应收及预付、费用项目，按其差额借记或贷记累计盈余。

对收入和费用的调整最终会影响净资产总额，应按照所有调整分录汇总计算调整额（收入调增额－收入调减额－费用调增额＋费用调减额）。如果调整额为正数，调增"累计盈余"；如果调整额为负数，则调减"累计盈余"。

（三）生成合并会计报表。

将抵销分录中相关数据填入抵销工作底表（附3），根据抵销工作底表"合计"栏数据，对汇总后的资产负债表、收入费用表相关项目进行抵销，生成合并资产负债表和收入费用表。

第三节　会计报表附注编制

第十一条　附注是对在会计报表中列示的项目所作的进一步说明，以及对未能在会计报表中列示项目的说明。附注应当包括下列内容：

（一）会计报表编制基础。政府部门会计报表以权责发生制为基础编制。

（二）遵循相关制度规定的声明。政府部门应当声明编制的会计报表符合政府会计准则、相关会计制度和财务报告编制规定的要求，如实反映政府部门的财务状况、运行情况等有关信息。

（三）合并范围。合并会计报表应披露其包含的主体范围，具体包括所属单位的名称、性质（如：行政单位、事业单位或社会团体）、实有人员数等基本信息。与上年相比，合并范围发生变化的应详细说明变动情况。

（四）重要会计政策与会计估计变更情况。对本年发生的重要会计政策和会计估计变更，应说明变更的内容和原因，受其重要影响的报表项目名称和金额，以及重要会计政策和会计估计变更开始适用的时点。

（五）会计报表重要项目明细信息及说明。单位应当按照资产负债表和收入费用表项目列示顺序，采用数字和文字描述相结合的方法披露重要项目的明细信息，便于报表信息使用者更好地理解报表信息。报表重要项目明细信息应至少包括下列报表（附1中附表1至附表28）：

1. 货币资金明细表；
2. 应收票据明细表；
3. 应收账款净额明细表；
4. 预付账款明细表；
5. 其他应收款净额明细表；
6. 长期投资及投资收益明细表；
7. 固定资产明细表；
8. 在建工程明细表；
9. 无形资产明细表；
10. 公共基础设施明细表；
11. 政府储备物资明细表；
12. 保障性住房明细表；
13. 应付票据明细表；
14. 应付账款明细表；
15. 预收账款明细表；
16. 其他应付款明细表；
17. 长期借款明细表；
18. 长期应付款明细表；
19. 事业收入明细表；
20. 经营收入明细表；
21. 非同级财政拨款收入明细表；
22. 租金收入明细表；
23. 其他收入明细表；
24. 业务活动费用明细表；
25. 单位管理费用明细表；

26. 经营费用明细表；

27. 商品和服务费用明细表；

28. 其他费用明细表。

（六）需要说明的其他事项。

1. 资产负债表日后重大事项。

2. 重要或有事项说明。逐笔披露政府部门或有事项的事由和金额，如担保事项、未决诉讼或未决仲裁等，若无法预计金额应说明理由。

3. 以名义金额计量的资产名称、数量等情况，以及以名义金额计量理由的说明。

4. 使用政府专项债券资金形成的固定资产、在建工程、公共基础设施、保障性住房等资产的记账主体、账面价值、使用情况、收益情况及累计使用债券资金金额。

5. 使用其他债务资金形成的固定资产、在建工程、公共基础设施、保障性住房等资产的账面价值、使用情况、收益情况及债务偿还情况。

6. 重要资产置换、无偿调入（出）、捐入（出）、报废、重大毁损等情况的说明。

7. 对于政府部门管理的公共基础设施、文物文化资产、保障性住房、自然资源资产等重要资产，披露种类和实物量等相关信息。

8. 《政府会计准则制度解释第 4 号》中规定的特殊情况抵销事项的报表项目及金额（由一级部门合并主体说明）。

9. 政府会计具体准则中要求附注披露的其他内容，以及其他未在报表中列示，但对政府部门财务状况有重大影响的事项。

10. 资产负债表项目年初数调整情况。

第四章　政府部门财务分析

第一节　内容构成

第十二条　政府部门财务分析主要包括以下内容：

（一）政府部门工作目标完成情况。

结合政府部门职能、工作任务、相关政策要求等，说明政府部门年度工作目标计划及执行情况、绩效目标及完成情况。

（二）政府部门财务状况分析。

1. 分析政府部门资产总额变化情况及原因；分析政府部门货币资金、长期投资、固定资产、在建工程、公共基础设施、政府储备物资、保障性住房等重要资产项目的结构特点和变化情况；其他资产／总资产若高于10%、货币资金／总资产若高于25%，需单独分析。

2. 分析政府部门负债总额变化情况及原因；结合短期借款、长期借款等重点负债项目的增减变化情况，分析政府部门债务规模和债务结构等；其他负债／总负债若高于10%、应缴财政款若有余额，需单独分析。

3. 运用资产负债率、现金比率、流动比率等指标，分析政府部门财务状况。

（三）政府部门运行情况分析。

1. 分析政府部门收入总额变化情况及原因；分析政府部门收入结构及来源分布、重点收入项目的比重和变化趋势，以及经济形势、相关财政政策等对政府部门收入变动的影响等；其他收入／总收入若高于10%，需单独分析。

2. 分析政府部门费用总额变化情况及原因；分析政府部门费用规模、构成及变化情况，特别是政府部门控制行政成本的政策、投融资情况及对费用变动的影响等；其他费用／总费用若高于10%，需单独分析。

3. 运用政府部门的收入费用率等指标，分析政府部门收入与费用的比例情况。

（四）政府部门财务管理情况。

从部门预算管理、内控管理、资产管理、绩效管理、人才队伍建设等方面反映部门加强财务管理的主要措施和取得成效。

第二节 分析方法和指标

第十三条 政府部门可采取比率分析法、比较分析法、结构分析法、趋势分析法等方法进行财务分析。

第十四条 政府部门进行财务分析可参考使用以下指标：

分析指标表

序号	指标名称	公式	指标说明
1	资产负债率	负债总额/资产总额	反映政府部门偿付全部债务本息能力的基本指标。
2	现金比率	（货币资金＋财政应返还额度）/流动负债	反映政府部门利用现金及现金等价物偿还短期债务的能力。
3	流动比率	流动资产/流动负债	反映政府部门流动资产用于偿还流动负债的能力。
4	固定资产成新率	固定资产净值/固定资产原值	反映政府部门固定资产的持续服务能力。
5	公共基础设施成新率	公共基础设施净值/公共基础设施原值	反映公共基础设施的持续服务能力。
6	保障性住房成新率	保障性住房净值/保障性住房原值	反映政府部门保障性住房的持续服务能力。
7	收入费用率	年度总费用/年度总收入	反映政府部门收入与费用的比例情况。

第五章 附 则

第十五条 本指南自 2024 年 1 月 1 日起施行，财政部于 2019 年印发的《政府部门财务报告编制操作指南（试行）》（财库〔2019〕57 号）同时废止。

附：1. 政府部门财务报告样式
　　2. 会计报表项目对照表
　　3. 抵销工作底表
　　4. 抵销事项清单
　　5. 单位基础信息清单

附1 政府部门财务报告样式

××年度××部门/单位
财务报告

部门（单位）名称：（公章）
单位负责人：（签名并盖章）
财务负责人：（签名并盖章）
编制人：（签章）
报送日期：　年　月

目　　录

导言 ·· 026

一、政府部门财务报表 ·· 027

（一）政府部门会计报表 ··· 027

资产负债表 ··· 027

收入费用表（1）·· 030

收入费用表（2）·· 031

（二）政府部门会计报表附注 ·· 032

1. 会计报表编制基础 ·· 032
2. 遵循相关制度规定的声明 ·· 032
3. 合并范围 ··· 032
4. 重要会计政策与会计估计变更情况 ································ 032
5. 会计报表重要项目的明细信息及说明 ···························· 032
6. 需要说明的其他事项 ·· 059

二、政府部门财务分析 ·· 061

（一）政府部门工作目标完成情况 ··· 061

（二）政府部门财务状况分析 ·· 061

（三）政府部门运行情况分析 ·· 061

（四）政府部门财务管理情况 ·· 061

附件：补充报表

1. 应付工程款情况表 ·· 061
2. 本年预算结余与盈余调节表 ··· 061

导 言

为全面反映本部门财务状况和运行情况,××部组织编制了《××年度××财务报告》(以下简称《报告》)。……,简要情况如下:

(一)《报告》编制基本情况

概述编制依据、编制基础、主要内容、合并范围、合并方法等。

(二)本部门财务状况和运行情况

1. 资产负债情况。

××年末部门资产总额××万元、负债总额××万元、净资产总额××万元。资产负债率为××%,较上年增长/下降××个百分点,表明……。

(1)本部门资产主要包括……。

简要说明主要资产金额、占比以及变化情况等。

(2)本部门负债主要包括……。

简要说明主要负债金额、占比以及变化情况等。

2. 收入费用情况。

××年度部门收入总额××万元,费用总额××万元,收入费用相抵后本年盈余××万元。收入费用率为××%,较上年增长/下降××个百分点,表明……。

(1)本部门收入主要包括……。

简要说明收入构成、占比以及变化情况等。

(2)本部门费用主要包括……。

简要说明费用构成、占比以及变化情况等。

(3)《报告》反映的收入费用与部门决算反映的收入支出的主要差异情况。

一、政府部门财务报表

（一）政府部门会计报表

表 1

资产负债表

编制单位：　　　　　　　　　　年　月　日　　　　　　　　　单位：万元

项目	附注	年末数	年初数
流动资产：			
货币资金	附表 1		
短期投资			
财政应返还额度			
应收票据	附表 2		
应收账款净额	附表 3		
预付账款	附表 4		
应收股利			
应收利息			
其他应收款净额	附表 5		
存货			
待摊费用			
一年内到期的非流动资产			
其他流动资产			
流动资产合计			
非流动资产：			
长期股权投资	附表 6		
长期债券投资	附表 6		
固定资产原值			
减：固定资产累计折旧			

（续表）

项目	附注	年末数	年初数
固定资产净值	附表7		
工程物资			
在建工程	附表8		
无形资产原值			
减：无形资产累计摊销			
无形资产净值	附表9		
研发支出			
公共基础设施原值			
减：公共基础设施累计折旧（摊销）			
公共基础设施净值	附表10		
政府储备物资	附表11		
文物文化资产			
保障性住房原值			
减：保障性住房累计折旧			
保障性住房净值	附表12		
长期待摊费用			
待处理财产损溢			
其他非流动资产			
非流动资产合计			
受托代理资产			
资产总计			
流动负债：			
短期借款			
应交增值税			
其他应交税费			
应缴财政款			

（续表）

项目	附注	年末数	年初数
应付职工薪酬			
应付票据	附表 13		
应付账款	附表 14		
应付政府补贴款			
应付利息			
预收账款	附表 15		
其他应付款	附表 16		
预提费用			
一年内到期的非流动负债			
其他流动负债			
流动负债合计			
非流动负债：			
长期借款	附表 17		
长期应付款	附表 18		
预计负债			
其他非流动负债			
非流动负债合计			
受托代理负债			
负债合计			
净资产：			
累计盈余			
专用基金			
权益法调整			
净资产合计			
负债及净资产总计			

表 2-1

收入费用表（1）

编制单位：　　　　　　　　　　年　　　　　　　　　　单位：万元

项目	附注	本年数	上年数
财政拨款收入			
事业收入	附表 19		
上级补助收入			
附属单位上缴收入			
经营收入	附表 20		
非同级财政拨款收入	附表 21		
投资收益	附表 6		
捐赠收入			
利息收入			
租金收入	附表 22		
其他收入	附表 23		
收入合计			
业务活动费用	附表 24		
单位管理费用	附表 25		
经营费用	附表 26		
资产处置费用			
上缴上级费用			
对附属单位补助费用			
所得税费用			
其他费用			
费用合计			
本年盈余			

表 2-2

收入费用表（2）

编制单位：　　　　　　　　　　　年　　　　　　　　　单位：万元

项目	附注	本年数	上年数
财政拨款收入			
事业收入	附表 19		
上级补助收入			
附属单位上缴收入			
经营收入	附表 20		
非同级财政拨款收入	附表 21		
投资收益	附表 6		
捐赠收入			
利息收入			
租金收入	附表 22		
其他收入	附表 23		
收入合计			
工资福利费用			
商品和服务费用	附表 27		
对个人和家庭的补助费用			
对企业补助费用			
固定资产折旧费用			
无形资产摊销费用			
公共基础设施折旧（摊销）费用			
保障性住房折旧费用			
计提专用基金			
资产处置费用			

（续表）

项目	附注	本年数	上年数
上缴上级费用			
对附属单位补助费用			
所得税费用			
其他费用①	附表28		
费用合计			
本年盈余			

（二）政府部门会计报表附注

1. 会计报表编制基础。（略）
2. 遵循相关制度规定的声明。（略）
3. 合并范围。（略）
4. 重要会计政策与会计估计变更情况。（略）
5. 会计报表重要项目的明细信息及说明。

（1）货币资金明细信息如下：

附表1

货币资金明细表

单位：万元

项目	年末数	年初数
库存现金		
银行存款		
其他货币资金		
合计		

（2）应收票据明细信息如下：

---

① 表2-2的"其他费用"包括"业务活动费用""单位管理费用""经营费用"等会计科目中的其他部分。

附表 2

应收票据明细表

单位：万元

债务人	年末数
应收本部门内部单位	
单位 1	
单位 2	
……	
应收本部门以外的同级政府单位	
单位 1	
单位 2	
……	
应收本部门以外的非同级政府单位	
单位 1	
单位 2	
……	
应收其他单位	
合计	

（3）应收账款净额明细信息如下：

附表 3

应收账款净额明细表

单位：万元

债务人	应收账款原值	减：坏账准备		应收账款净值
	年末数	当期补提或冲减数	年末数	年末数
应收本部门内部单位				
单位 1				

（续表）

债务人	应收账款原值	减：坏账准备		应收账款净值
	年末数	当期补提或冲减数	年末数	年末数
单位2				
……				
应收本部门以外的同级政府单位				
单位1				
单位2				
……				
应收本部门以外的非同级政府单位				
单位1				
单位2				
……				
应收其他单位				
合计				

注：当期坏账准备冲减数以"—"号填列。

（4）预付账款明细信息如下：

附表4

预付账款明细表

单位：万元

债务人	年末数
预付本部门内部单位	
单位1	
单位2	
……	
预付本部门以外的同级政府单位	

（续表）

债务人	年末数
单位1	
单位2	
……	
预付本部门以外的非同级政府单位	
单位1	
单位2	
……	
预付其他单位	
合计	

（5）其他应收款净额明细信息如下：

附表5

其他应收款净额明细表

单位：万元

债务人	其他应收款原值	减：坏账准备		其他应收款净值
	年末数	当期补提或冲减数	年末数	年末数
应收本部门内部单位				
单位1				
单位2				
……				
应收本部门以外的同级政府单位				
单位1				
单位2				
……				

（续表）

债务人	其他应收款原值	减：坏账准备		其他应收款净值
	年末数	当期补提或冲减数	年末数	年末数
应收本部门以外非同级政府单位				
单位1				
单位2				
……				
应收同级财政				
应收其他单位				
合计				

注：当期坏账准备冲减数以"—"号填列。

（6）长期投资及投资收益明细信息如下：

附表6

长期投资及投资收益明细表

单位：万元

投资对象	长期投资						投资收益	
	年初数	追加投资	减少投资	权益法下确认的投资收益	其他变动	年末数	本年数	上年数
股权投资								
对企业股权投资								
权益法								
企业1								
企业2								
……								
成本法								
企业1				—				

（续表）

投资对象	长期投资						投资收益	
	年初数	追加投资	减少投资	权益法下确认的投资收益	其他变动	年末数	本年数	上年数
企业2				—				
……				—				
对投资基金股权投资								
权益法								
投资基金1								
投资基金2								
……								
成本法								
投资基金1				—				
投资基金2				—				
……				—				
债券投资								
合计								

注：1. 本表中每类投资下分别按照长期投资年末数从大到小排列。

2. 长期股权投资核算方法按照年末核算方法反映。

3. "权益法下确认的投资收益"项目按照"长期股权投资——损益调整"科目本年发生额净额填列，如为投资净损失以"—"号填列。

4. "投资收益"项目按照"投资收益"科目本年发生额净额填列，如为投资净损失以"—"填列。

（7）固定资产明细信息如下：

附表7

固定资产明细表

单位：万元

项目	年初数	本年增加	本年减少	年末数
原值合计				
房屋和构筑物				

（续表）

项目	年初数	本年增加	本年减少	年末数
设备				
文物和陈列品				
图书和档案				
家具和用具				
特种动植物				
累计折旧合计				
房屋和构筑物				
设备				
文物和陈列品	—	—	—	—
图书和档案	—	—	—	—
家具和用具				
特种动植物	—	—	—	—
净值合计		—	—	
房屋和构筑物				
设备				
文物和陈列品		—	—	
图书和档案		—	—	
家具和用具				
特种动植物		—	—	

（8）在建工程明细信息如下：

附表8

在建工程明细表

单位：万元

项目	年初数	本年增加	本年减少	年末数
项目1				

（续表）

项目	年初数	本年增加	本年减少	年末数
项目2				
……				
其他项目				
合计				

注：本表原则上按照项目金额从大到小列示前20项，其余部分合并填入其他项目。

（9）无形资产明细信息如下：

附表9

无形资产明细表

单位：万元

项目	年初数	本年增加	本年减少	年末数
原值合计				
专利权				
非专利技术				
著作权				
资源资质				
商标权				
信息数据				
其他				
累计摊销合计				
专利权				
非专利技术				
著作权				
资源资质				
商标权				
信息数据				
其他				

（续表）

项目	年初数	本年增加	本年减少	年末数
净值合计		—	—	
专利权		—	—	
非专利技术		—	—	
著作权		—	—	
资源资质		—	—	
商标权		—	—	
信息数据		—	—	
其他		—	—	

（10）公共基础设施明细信息如下：

附表10-1

公共基础设施明细表（原值）

单位：万元

项目	年初数	本年增加	本年减少	年末数
市政基础设施				
交通设施				
供排水设施				
能源设施				
环卫设施				
园林绿化设施				
综合类设施				
信息通信设施				
其他市政设施				
交通基础设施				
公路				
汽车客运站				

（续表）

项目	年初数	本年增加	本年减少	年末数
铁路				
机场				
航道				
沿海航海保障设施				
港口				
轮渡				
水利基础设施				
防洪（潮）工程				
治涝工程				
灌溉工程				
引调水工程				
农村供水工程				
水力发电工程				
水土保持工程				
水库工程				
水文基础设施				
其他公共基础设施				
原值合计				

附表10-2

公共基础设施明细表（累计折旧/摊销）

单位：万元

项目	年初数	本年增加	本年减少	年末数
市政基础设施				
交通设施				
供排水设施				

（续表）

项目	年初数	本年增加	本年减少	年末数
能源设施				
环卫设施				
园林绿化设施				
综合类设施				
信息通信设施				
其他市政设施				
交通基础设施				
公路				
汽车客运站				
铁路				
机场				
航道				
沿海航海保障设施				
港口				
轮渡				
水利基础设施				
防洪（潮）工程				
治涝工程				
灌溉工程				
引调水工程				
农村供水工程				
水力发电工程				
水土保持工程				
水库工程				

（续表）

项目	年初数	本年增加	本年减少	年末数
水文基础设施				
其他公共基础设施				
累计折旧（摊销）合计				

附表10-3

公共基础设施明细表（净值）

单位：万元

项目	年初数	本年增加	本年减少	年末数
市政基础设施		—	—	
交通设施		—	—	
供排水设施		—	—	
能源设施		—	—	
环卫设施		—	—	
园林绿化设施		—	—	
综合类设施		—	—	
信息通信设施		—	—	
其他市政设施		—	—	
交通基础设施		—	—	
公路		—	—	
汽车客运站		—	—	
铁路		—	—	
机场		—	—	
航道		—	—	
沿海航海保障设施		—	—	
港口		—	—	
轮渡		—	—	

（续表）

项目	年初数	本年增加	本年减少	年末数
水利基础设施		—	—	
防洪（潮）工程		—	—	
治涝工程		—	—	
灌溉工程		—	—	
引调水工程		—	—	
农村供水工程		—	—	
水力发电工程		—	—	
水土保持工程		—	—	
水库工程		—	—	
水文基础设施		—	—	
其他公共基础设施		—	—	
净值合计		—	—	

（11）政府储备物资明细信息如下：

附表11

政府储备物资明细表

单位：万元

项目	年初数	本年增加	本年减少	年末数
粮食等农产品和农资储备				
其中：粮食				
棉花				
食糖				
肉类				
能源储备				

（续表）

项目	年初数	本年增加	本年减少	年末数
矿产品原材料储备				
应急专用物资储备				
其中：应急抢险救灾物资				
医药				
合计				

（12）保障性住房明细信息如下：

附表12

保障性住房明细表

单位：万元

项目	年初数	本年增加	本年减少	年末数
原值合计				
公租房				
经济适用房				
保障性租赁住房				
共有产权住房				
累计折旧合计				
公租房				
经济适用房				
保障性租赁住房				
共有产权住房				
净值合计		—	—	
公租房		—	—	
经济适用房		—	—	

（续表）

项目	年初数	本年增加	本年减少	年末数
保障性租赁住房		—	—	
共有产权住房		—	—	

（13）应付票据明细信息如下：

附表13

应付票据明细表

单位：万元

债权人	年末数
应付本部门内部单位	
单位1	
单位2	
……	
应付本部门以外的同级政府单位	
单位1	
单位2	
……	
应付本部门以外的非同级政府单位	
单位1	
单位2	
……	
应付其他单位	
合计	

（14）应付账款明细信息如下：

附表 14

应付账款明细表

单位：万元

债权人	年末数
应付本部门内部单位	
单位 1	
单位 2	
……	
应付本部门以外的同级政府单位	
单位 1	
单位 2	
……	
应付本部门以外的非同级政府单位	
单位 1	
单位 2	
……	
应付其他单位	
合计	

（15）预收账款明细信息如下：

附表 15

预收账款明细表

单位：万元

债权人	年末数
预收本部门内部单位	
单位 1	

（续表）

债权人	年末数
单位 2	
……	
预收本部门以外的同级政府单位	
单位 1	
单位 2	
……	
预收本部门以外的非同级政府单位	
单位 1	
单位 2	
……	
预收其他单位	
合计	

（16）其他应付款明细信息如下：

附表 16

其他应付款明细表

单位：万元

债权人	年末数
应付本部门内部单位	
单位 1	
单位 2	
……	
应付本部门以外的同级政府单位	
单位 1	

（续表）

债权人	年末数
单位 2	
……	
应付本部门以外的非同级政府单位	
单位 1	
单位 2	
……	
应付同级财政	
应付其他单位	
合计	

注："应付同级财政"主要包括预拨经费、向同级财政部门借入的款项。

（17）长期借款明细信息如下：

附表 17-1

长期借款明细表

单位：万元

债权人	年末数	年初数
机构 1		
机构 2		
机构 3		
……		
合计		

注：本表按照债权人列示明细，并按长期借款年末数从大到小排列。

附表 17-2

长期借款明细表

单位：万元

长期借款到期期限	年末数	年初数
1～3 年到期（不含 1 年）		
3～10 年到期（不含 3 年）		
10 年以上到期（不含 10 年）		
合计		

注：本表按照长期借款余额到期期限列示明细。

（18）长期应付款明细信息如下：

附表 18

长期应付款明细表

单位：万元

债权人	年末数
应付本部门内部单位	
单位 1	
单位 2	
……	
应付本部门以外的同级政府单位	
单位 1	
单位 2	
……	
应付本部门以外的非同级政府单位	
单位 1	
单位 2	

（续表）

债权人	年末数
……	
应付其他单位	
合计	

（19）事业收入明细信息如下：

附表19

事业收入明细表

单位：万元

收入来源	本年数
来自财政专户管理资金	
来自本部门内部单位	
单位1	
单位2	
……	
来自本部门以外的同级政府单位	
单位1	
单位2	
……	
来自本部门以外的非同级政府单位	
单位1	
单位2	
……	
来自非同级财政	
**财政	

（续表）

收入来源	本年数
……	
来自其他单位	
合计	

（20）经营收入明细信息如下：

附表 20

经营收入明细表

单位：万元

收入来源	本年数
来自本部门内部单位	
单位 1	
单位 2	
……	
来自本部门以外的同级政府单位	
单位 1	
单位 2	
……	
来自本部门以外的非同级政府单位	
单位 1	
单位 2	
……	
来自其他单位	
合计	

（21）非同级财政拨款收入明细信息如下：

附表 21

非同级财政拨款收入明细表

单位：万元

收入来源	本年数
来自本部门内部单位	
单位1	
单位2	
……	
来自本部门以外的同级政府单位	
单位1	
单位2	
……	
来自本部门以外的非同级政府单位	
单位1	
单位2	
……	
来自非同级财政	
** 财政	
……	
合计	

注："来自非同级财政"是指收到其他财政部门的拨款。

（22）租金收入明细信息如下：

附表 22

租金收入明细表

单位：万元

收入来源	本年数
来自本部门内部单位	
单位 1	
单位 2	
……	
来自本部门以外的同级政府单位	
单位 1	
单位 2	
……	
来自本部门以外的非同级政府单位	
单位 1	
单位 2	
……	
来自其他单位	
合计	

（23）其他收入明细信息如下：

附表 23

其他收入明细表

单位：万元

收入来源	本年数
来自本部门内部单位	

（续表）

收入来源	本年数
单位1	
单位2	
……	
来自本部门以外的同级政府单位	
单位1	
单位2	
……	
来自本部门以外的非同级政府单位	
单位1	
单位2	
……	
来自其他单位	
合计	

（24）业务活动费用明细信息如下：

附表24

业务活动费用明细表

单位：万元

项目	本年数	上年数
工资和福利费用		
商品和服务费用		
对个人和家庭的补助费用		
对企业补助费用		

（续表）

项目	本年数	上年数
固定资产折旧费用		
无形资产摊销费用		
公共基础设施折旧（摊销）费用		
保障性住房折旧费用		
计提专用基金		
其他业务活动费用		
合计		

（25）单位管理费用明细信息如下：

附表 25

单位管理费用明细表

单位：万元

项目	本年数	上年数
工资和福利费用		
商品和服务费用		
对个人和家庭的补助费用		
固定资产折旧费用		
无形资产摊销费用		
其他单位管理费用		
合计		

（26）经营费用明细信息如下：

附表 26

经营费用明细表

单位：万元

项目	本年数	上年数
工资和福利费用		
商品和服务费用		
对个人和家庭的补助费用		
固定资产折旧费用		
无形资产摊销费用		
其他经营费用		
合计		

（27）商品和服务费用明细信息如下：

附表 27

商品和服务费用明细表

单位：万元

项目	本年数			
	合计	业务活动费用	单位管理费用	经营费用
支付给本部门内部单位				
单位1				
单位2				
……				
支付给本部门以外的同级政府				
单位1				
单位2				

（续表）

项目	本年数			
	合计	业务活动费用	单位管理费用	经营费用
……				
支付给本部门以外的非同级政府单位				
单位1				
单位2				
……				
支付给其他单位				
合计				

（28）其他费用明细信息如下：

附表28

其他费用明细表

单位：万元

项目	本年数					
	合计	业务活动费用	单位管理费用	经营费用	其他费用	
					小计	其中：利息费用
支付给本部门内部单位						
单位1						
单位2						
……						
支付给本部门以外的同级政府单位						
单位1						

（续表）

项目	本年数					
	合计	业务活动费用	单位管理费用	经营费用	其他费用	
					小计	其中：利息费用
单位2						
……						
支付给本部门以外的非同级政府单位						
单位1						
单位2						
……						
支付给其他单位						
合计						

6. 需要说明的其他事项。

（1）资产负债表日后重大事项。

（2）重要或有事项说明。逐笔披露政府部门或有事项的事由和金额，如担保事项、未决诉讼或未决仲裁等，若无法预计金额应说明理由。

（3）以名义金额计量的资产名称、数量等情况，以及以名义金额计量理由的说明。

以名义金额计量资产情况表

对象	数量		以名义金额计量的理由
	上年数	本年数	
存货			
固定资产			
房屋和构筑物			

（续表）

对象	数量		以名义金额计量的理由
	上年数	本年数	
设备			
文物和陈列品			
图书和档案			
家具、用具			
特种动植物			
无形资产			
专利权			
非专利技术			
著作权			
资源资质			
商标权			
信息数据			
其他			
合计			

（4）使用政府专项债券资金形成的固定资产、在建工程、公共基础设施、保障性住房等资产的记账主体、账面价值、使用情况、收益情况及累计使用债券资金金额。

（5）使用其他债务资金形成的固定资产、在建工程、公共基础设施、保障性住房等资产的账面价值、使用情况、收益情况及债务偿还情况。

（6）重要资产置换、无偿调入（出）、捐入（出）、报废、重大毁损等情况的说明。

（7）对于政府部门管理的公共基础设施、文物文化资产、保障性住房、自然资源资产等重要资产，披露种类和实物量等相关信息。

（8）《政府会计准则制度解释第4号》中规定的特殊情况抵销事项的报

表项目及金额（由一级部门合并主体说明）。

（9）政府会计具体准则中要求附注披露的其他内容，以及其他未在报表中列示，但对政府部门财务状况有重大影响的事项。

（10）资产负债表项目年初数调整情况。

二、政府部门财务分析

（一）政府部门工作目标完成情况。（略）

（二）政府部门财务状况分析。（略）

（三）政府部门运行情况分析。（略）

（四）政府部门财务管理情况。（略）

附件：补充报表

1. 应付工程款情况表

应付工程款情况表

单位：万元

核算科目	年初数	本年增加	本年减少	年末数
应付账款				
长期应付款				
其他应付款				
合计				

注：应付工程款按实际会计核算数据分析填列。

2. 本年预算结余与盈余调节表

本年预算结余与盈余调节表

项目	金额
一、本年预算结余（本年预算收支差额）	

（续表）

项目	金额
二、差异调节	—

　（一）重要事项的差异

　加：1. 当期确认为收入但没有确认为预算收入

　　（1）应收款项、预收账款确认的收入

　　（2）接受非货币性资产捐赠确认的收入

　　2. 当期确认为预算支出但没有确认为费用

　　（1）支付应付款项、预付账款的支出

　　（2）为取得存货、政府储备物资等计入物资成本的支出

　　（3）为购建固定资产等的资本性支出

　　（4）偿还借款本息支出

　减：1. 当期确认为预算收入但没有确认为收入

　　（1）收到应收款项、预收账款确认的预算收入

　　（2）取得借款确认的预算收入

　　2. 当期确认为费用但没有确认为预算支出

　　（1）发出存货、政府储备物资等确认的费用

　　（2）计提的折旧费用和摊销费用

　　（3）确认的资产处置费用（处置资产价值）

　　（4）应付款项、预付账款确认的费用

　（二）其他事项差异

三、本年盈余（本年收入与费用的差额）

　注：部门层面通过加总所属单位本年预算结余与盈余调节表生成。

附 2-1

会计报表项目对照表（政府会计制度）

部门财务报告报表项目	会计报表项目	项目说明
一、资产类		
货币资金	货币资金	
短期投资	短期投资	
财政应返还额度	财政应返还额度	
应收票据	应收票据	
应收账款净额	应收账款净额	"应收账款"所属明细科目期末为贷方余额的，应在本表"预收账款"项目填列。
预付账款	预付账款	"预付账款"所属明细科目期末为贷方余额的，应在本表"应付账款"项目填列。
应收股利	应收股利	
应收利息	应收利息	
其他应收款净额	其他应收款净额	"其他应收款"所属明细科目期末为贷方余额的，应在本表"其他应付款"项目填列。
存货	存货	
待摊费用	待摊费用	
一年内到期的非流动资产	一年内到期的非流动资产	
其他流动资产	其他流动资产	
长期股权投资	长期股权投资	
长期债券投资	长期债券投资	
固定资产原值	固定资产原值	
固定资产原值	林木资产	根据国有林场和苗圃单位会计报表中的"林木资产"项目期末余额在固定资产中的"特种动植物"分类中填列。

（续表）

部门财务报告报表项目	会计报表项目	项目说明
减：固定资产累计折旧	固定资产累计折旧	
固定资产净值	固定资产净值	
工程物资	工程物资	
在建工程	在建工程	
无形资产原值	无形资产原值	
减：无形资产累计摊销	无形资产累计摊销	
无形资产净值	无形资产净值	
研发支出	研发支出	
公共基础设施原值	公共基础设施原值	
减：公共基础设施累计折旧（摊销）	公共基础设施累计折旧（摊销）	
公共基础设施净值	公共基础设施净值	
政府储备物资	政府储备物资	
文物文化资产	文物文化资产	
保障性住房原值	保障性住房原值	
减：保障性住房累计折旧	保障性住房累计折旧	
保障性住房净值	保障性住房净值	
长期待摊费用	长期待摊费用	
待处理财产损溢	待处理财产损溢	
其他非流动资产	其他非流动资产	
受托代理资产	受托代理资产	
二、负债类		
短期借款	短期借款	
应交增值税	应交增值税	
其他应交税费	其他应交税费	

（续表）

部门财务报告报表项目	会计报表项目	项目说明
应缴财政款	应缴财政款	
应付职工薪酬	应付职工薪酬	
应付票据	应付票据	
应付账款	应付账款	"应付账款"所属明细科目期末为借方余额的，应在本表"预付账款"项目填列。
	应付返奖奖金	根据彩票机构会计报表中"应付返奖奖金"项目的期末余额填列。
	应付代销费	根据彩票机构会计报表中"应付代销费"项目的期末余额填列。
应付政府补贴款	应付政府补贴款	
应付利息	应付利息	
预收账款	预收账款	"预收账款"所属明细科目期末为借方余额的，应在本表"应收账款"项目填列。
其他应付款	其他应付款	"其他应付款"所属明细科目期末为借方余额的，应在本表"其他应收款"项目填列。
	待结算医疗款	根据基层医疗卫生机构会计报表中"待结算医疗款"项目余额填列。
预提费用	预提费用	
一年内到期的非流动负债	一年内到期的非流动负债	
其他流动负债	其他流动负债	
长期借款	长期借款	
长期应付款	长期应付款	
预计负债	预计负债	
其他非流动负债	其他非流动负债	
受托代理负债	受托代理负债	

（续表）

部门财务报告报表项目	会计报表项目	项目说明
三、净资产类		
累计盈余	累计盈余	
专用基金	专用基金	
权益法调整	权益法调整	
四、收入类		
财政拨款收入	财政拨款收入	
事业收入	事业收入	
上级补助收入	上级补助收入	
附属单位上缴收入	附属单位上缴收入	
经营收入	经营收入	
非同级财政拨款收入	非同级财政拨款收入	
投资收益	投资收益	
捐赠收入	捐赠收入	
利息收入	利息收入	
租金收入	租金收入	
其他收入	其他收入	
五、费用类（一）		
业务活动费用	业务活动费用	
单位管理费用	单位管理费用	
经营费用	经营费用	
资产处置费用	资产处置费用	
上缴上级费用	上缴上级费用	
对附属单位补助费用	对附属单位补助费用	
所得税费用	所得税费用	

（续表）

部门财务报告报表项目	会计报表项目	项目说明
其他费用	其他费用	
五、费用类（二）		
工资和福利费用	业务活动费用、单位管理费用和经营费用（工资福利费用）	根据"业务活动费用""单位管理费用"和"经营费用"会计科目中"工资福利费用"明细科目填列。
商品和服务费用	业务活动费用、单位管理费用和经营费用（商品和服务费用）	根据"业务活动费用""单位管理费用"和"经营费用"会计科目中"商品和服务费用"明细科目填列。
对个人和家庭的补助费用	业务活动费用、单位管理费用和经营费用（对个人和家庭的补助费用）	根据"业务活动费用""单位管理费用"和"经营费用"会计科目中"对个人和家庭的补助费用"明细科目填列。
对企业补助费用	业务活动费用（对企业补助费用）	根据"业务活动费用"会计科目中"对企业补助费用"明细科目填列。
固定资产折旧费用	业务活动费用、单位管理费用和经营费用（固定资产折旧费用）	根据"业务活动费用""单位管理费用"和"经营费用"会计科目中"固定资产折旧费"明细科目填列。
无形资产摊销费用	业务活动费用、单位管理费用和经营费用（无形资产摊销费用）	根据"业务活动费用""单位管理费用"和"经营费用"会计科目中"无形资产摊销"明细科目填列。
公共基础设施折旧（摊销）费用	业务活动费用[公共基础设施折旧（摊销）费用]	根据"业务活动费用"会计科目中"公共基础设施折旧（摊销）"明细科目填列。
保障性住房折旧费用	业务活动费用（保障性住房折旧费用）	根据"业务活动费用"会计科目中"保障性住房折旧费"明细科目填列。
计提专用基金	业务活动费用（计提专用基金）	根据"业务活动费用"会计科目中"计提专用基金"明细科目填列。
资产处置费用	资产处置费用	
上缴上级费用	上缴上级费用	
对附属单位补助费用	对附属单位补助费用	

（续表）

部门财务报告报表项目	会计报表项目	项目说明
所得税费用	所得税费用	
其他费用	"其他费用"和"业务活动费用""单位管理费用""经营费用"会计科目中的其他部分	

附 2-2

会计报表项目对照表（民间非营利组织会计制度）

部门财务报告报表项目	会计报表项目	项目说明
一、资产类		
货币资金	货币资金	
短期投资	短期投资	
财政应返还额度	—	
应收票据	应收款项（应收票据）	根据"应收票据"会计科目期末余额填列。
应收账款净额	应收款项（应收账款）	根据"应收账款"会计科目期末余额，减去"坏账准备"科目中提取的"应收账款"坏账准备余额填列。"应收账款"所属明细科目期末为贷方余额的，应在本表"预收账款"项目填列。
预付账款	预付账款	"预付账款"所属明细科目期末为贷方余额的，应在本表"应付账款"项目填列。
应收股利	—	
应收利息	—	
其他应收款净额	应收款项（其他应收款）	根据"其他应收款"会计科目期末余额，减去"坏账准备"科目中提取的"其他应收款"坏账准备余额填列。"其他应收款"所属明细科目期末为贷方余额的，应在本表"其他应付款"项目填列。

（续表）

部门财务报告报表项目	会计报表项目	项目说明
存货	存货	
待摊费用	待摊费用	
一年内到期的非流动资产	一年内到期的长期债权投资	
其他流动资产	其他流动资产	
长期股权投资	长期股权投资	
长期债券投资	长期债权投资	
固定资产原值	—	
减：固定资产累计折旧	—	
固定资产净值	固定资产	
工程物资		
在建工程	在建工程	
无形资产原值	—	
减：无形资产累计摊销	—	
无形资产净值	无形资产	
研发支出	—	
公共基础设施原值		
减：公共基础设施累计折旧（摊销）	—	
公共基础设施净值	—	
政府储备物资	—	
文物文化资产	文物文化资产	
保障性住房原值	—	
减：保障性住房累计折旧	—	
保障性住房净值	—	

（续表）

部门财务报告报表项目	会计报表项目	项目说明
长期待摊费用	—	
待处理财产损溢	固定资产清理	
其他非流动资产	—	
受托代理资产	受托代理资产	
二、负债类		
短期借款	短期借款	
应交增值税	应交税金（应交增值税）	根据"应交税金"会计科目期末余额中明细科目"应交增值税"期末余额填列。
其他应交税费	应交税金（其他应交税费）	根据"应交税金"会计科目期末余额减去"应交增值税"余额后填列。
应缴财政款	—	
应付职工薪酬	应付工资	
应付票据	应付款项（应付票据）	根据"应付票据"会计科目期末余额填列。
应付账款	应付款项（应付账款）	根据"应付账款"会计科目期末余额填列。"应付账款"所属明细科目期末为借方余额的，应在本表"预付账款"项目填列。
应付政府补贴款	—	
应付利息	—	
预收账款	预收账款	"预收账款"所属明细科目期末为借方余额的，应在本表"应收账款"项目填列。
其他应付款	应付款项（其他应付款）	根据"其他应付款"会计科目期末余额填列。"其他应付款"所属明细科目期末为借方余额的，应在本表"其他应收款"项目填列。

（续表）

部门财务报告报表项目	会计报表项目	项目说明
预提费用	预提费用	
一年内到期的非流动负债	一年内到期的长期负债	
其他流动负债	其他流动负债	
长期借款	长期借款	
长期应付款	长期应付款	
预计负债	预计负债	
其他非流动负债	其他长期负债	
受托代理负债	受托代理负债	
三、净资产类		
累计盈余	非限定性净资产	
专用基金	限定性净资产	
权益法调整	—	
四、收入类		
财政拨款收入	政府补助收入（同级财政拨款）	根据"政府补助收入"项目分析填列。
事业收入	会费收入	
	提供服务收入	
上级补助收入	—	
附属单位上缴收入	—	
经营收入	商品销售收入	
非同级财政拨款收入	政府补助收入（剔除同级财政拨款部分）	根据"政府补助收入"项目分析填列。
投资收益	投资收益	
捐赠收入	捐赠收入	
利息收入	—	

（续表）

部门财务报告报表项目	会计报表项目	项目说明
租金收入	—	
其他收入	其他收入	
五、费用类（一）		
业务活动费用	业务活动成本	
单位管理费用	管理费用	
经营费用	—	
资产处置费用	其他费用（固定资产处置和无形资产处置）	根据"其他费用"会计科目中相关明细科目填列。
上缴上级费用	—	
对附属单位补助费用	—	
所得税费用	—	
其他费用	筹资费用	
	其他费用（剔除固定资产处置和无形资产处置部分）	根据"其他费用"会计科目中相关明细科目填列。
五、费用类（二）		
工资和福利费用	业务活动成本、管理费用（工资福利费用）	
商品和服务费用	业务活动成本、管理费用（商品和服务费用）	
对个人和家庭补助费用	业务活动成本、管理费用（对个人和家庭的费用）	
对企业补助费用	—	
固定资产折旧费用	业务活动成本、管理费用（折旧费用）	
无形资产摊销费用	业务活动成本、管理费用（摊销费用）	

（续表）

部门财务报告报表项目	会计报表项目	项目说明
公共基础设施折旧（摊销）	—	
保障性住房折旧费	—	
计提专用基金	—	
资产处置费用	其他费用（固定资产处置和无形资产处置）	根据"其他费用"会计科目中相关明细科目填列。
上缴上级费用	—	
对附属单位补助费用	—	
所得税费用	—	
其他费用	筹资费用	
	其他费用（剔除固定资产处置和无形资产处置部分）	根据"其他费用"会计科目中相关明细科目填列。

附 2-3

会计报表项目对照表（企业化管理事业单位）

部门财务报告报表项目	企业化管理事业单位会计科目	项目说明
一、资产类		
货币资金	现金	
	银行存款	
	其他货币资金	
短期投资	短期投资	
	减：短期投资跌价准备	
财政应返还额度		
应收票据	应收票据	

（续表）

部门财务报告报表项目	企业化管理事业单位会计科目	项目说明
应收账款净额	应收账款	"应收账款"所属明细科目期末为贷方余额的，应在本表"预收账款"项目填列。
	减：坏账准备	根据"坏账准备"中提取的"应收账款"坏账准备金额填列。
预付账款	预付账款	"预付账款"所属明细科目期末为贷方余额的，应在本表"应付账款"项目填列。
应收股利	应收股利	
应收利息	应收利息	
其他应收款净额	其他应收款	"其他应收款"所属明细科目期末为贷方余额的，应在本表"其他应付款"项目填列。
	减：坏账准备	根据"坏账准备"中提取的"其他应收款"坏账准备金额填列。
存货	存货	
	减：存货跌价准备	
待摊费用	—	
一年内到期的非流动资产	长期债券投资（1年内到期或变现）	根据"长期债券投资"科目期末余额分析填列。
其他流动资产		根据本表上述各项之外的其他流动资产合计金额填列。
长期股权投资	长期股权投资	根据"长期股权投资"科目期末余额减去对应的长期投资减值准备后填列。
	减：长期投资减值准备	
长期债券投资	长期债券投资（剔除1年内到期或变现的部分）	根据"长期债券投资"科目期末余额减去对应的长期投资减值准备后填列。
	减：长期投资减值准备	

（续表）

部门财务报告报表项目	企业化管理事业单位会计科目	项目说明
固定资产原值	固定资产	根据"固定资产"科目中不属于公共基础设施的期末余额填列。
	生产性生物资产	根据"生产性生物资产"科目期末余额，在固定资产中的"特种动植物"分类中填列。
减：固定资产累计折旧	累计折旧	根据"累计折旧"科目中不属于公共基础设施折旧的期末余额填列
	生产性生物资产累计折旧	根据"生产性生物资产累计折旧"科目期末余额，在固定资产累计折旧中的"特种动植物"分类中填列。
固定资产净值		
工程物资	工程物资	
在建工程	在建工程	
无形资产原值	无形资产	
减：无形资产累计摊销	累计摊销	
无形资产净值		
研发支出	研发支出	
公共基础设施原值	—	
减：公共基础设施累计折旧（摊销）	—	
公共基础设施净值	—	
政府储备物资	—	
文物文化资产	—	
保障性住房原值	—	
减：保障性住房累计折旧	—	
保障性住房净值	—	

（续表）

部门财务报告报表项目	企业化管理事业单位会计科目	项目说明
长期待摊费用	长期待摊费用	
待处理财产损溢	固定资产清理	
	待处理财产损溢	
其他非流动资产		根据本表上述各项之外的其他非流动资产合计金额填列。
受托代理资产	—	
二、负债类		
短期借款	短期借款	
应交增值税	应交税费	根据"应交税金"会计科目期末余额中明细科目"应交增值税"期末余额填列。
其他应交税费	应交税费	根据"应交税金"会计科目期末余额减去"应交增值税"余额后填列。
应缴财政款	应缴款项	
应付职工薪酬	应付职工薪酬	
应付票据	应付票据	
应付账款	应付账款	"应付账款"所属明细科目期末为借方余额的，应在本表"预付账款"项目填列。
应付政府补贴款	—	
应付利息	应付利息	
预收账款	预收账款	"预收账款"所属明细科目期末为借方余额的，应在本表"应收账款"项目填列。
其他应付款	其他应付款	"其他应付款"所属明细科目期末为借方余额的，应在本表"其他应收款"项目填列。

（续表）

部门财务报告报表项目	企业化管理事业单位会计科目	项目说明
预提费用	预提费用	
一年内到期的非流动负债	长期借款、应付债券、长期应付款（1年内到期）	根据"长期借款""应付债券""长期应付款"科目的期末余额分析填列。
其他流动负债		根据本表上述各项之外的其他流动负债合计金额填列。
长期借款	长期借款、应付债券（剔除1年内到期部分）	根据"长期借款""应付债券"科目的期末余额减去其中将于1年内到期的长期借款、应付债券余额后的金额填列。
长期应付款	长期应付款（剔除1年内到期部分）	根据"长期应付款"科目的期末余额减去其中将于1年内到期的长期应付款余额后的金额填列。
预计负债	预计负债	
其他非流动负债		根据本表上述各项之外的其他非流动负债合计金额填列。
受托代理负债	—	
三、净资产类		
累计盈余	实收资本（股本）	
	资本公积	
	盈余公积	
	未分配利润	
专用基金	—	
权益法调整	—	
四、收入类		
财政拨款收入	营业外收入（来自同级财政政府补助）	

（续表）

部门财务报告报表项目	企业化管理事业单位会计科目	项目说明
事业收入	—	
上级补助收入	—	
附属单位上缴收入	—	
经营收入	主营业务收入	
	其他业务收入	
非同级财政拨款收入	营业外收入（来自非同级财政政府补助）	
投资收益	投资收益	
捐赠收入	营业外收入	根据"营业外收入"科目中的捐赠收入填列
利息收入	财务费用	根据"财务费用"科目中的利息收入填列。
租金收入	营业外收入	根据"营业外收入"科目中的租金收入填列。
其他收入	营业外收入	根据"营业外收入"科目中剔除政府补助、捐赠收入、租金收入之外的金额填列。
五、费用类（一）		
业务活动费用	—	
单位管理费用	管理费用	
经营费用	营业成本	
	营业税金及附加	
	销售费用	
资产处置费用	营业外支出	根据"营业外支出"项目中属于"固定资产清理"和"待处理财产损溢"转入的明细信息填列。

（续表）

部门财务报告报表项目	企业化管理事业单位会计科目	项目说明
上缴上级费用	—	
对附属单位补助费用	—	
所得税费用	所得税费用	
其他费用	财务费用	根据"财务费用"项目中剔除利息收入后的金额填列。
	营业外支出	根据"营业外支出"项目中除"固定资产清理"和"待处理财产损溢"转入以外的明细信息填列。
五、费用类（二）		
工资和福利费用	主营业务成本、其他业务成本、销售费用、管理费用（属于工资福利费用的部分）	根据"主营业务成本""其他业务成本""销售费用""管理费用"科目中属于工资和福利费用的明细信息填列。
商品和服务费用	主营业务成本、其他业务成本、销售费用、管理费用（属于商品和服务费用的部分）	根据"主营业务成本""其他业务成本""销售费用""管理费用"科目中属于商品和服务费用的明细信息填列。
对个人和家庭的补助费用	主营业务成本、其他业务成本、销售费用、管理费用（属于对个人和家庭的补助费用的部分）	根据"主营业务成本""其他业务成本""销售费用""管理费用"科目中属于对个人和家庭的补助费用的明细信息填列。
对企业补助费用	—	
固定资产折旧费用	主营业务成本、其他业务成本、销售费用、管理费用（属于固定资产折旧费用的部分）	根据"主营业务成本""其他业务成本""销售费用""管理费用"科目中属于固定资产折旧费用的明细信息填列。
无形资产摊销费用	主营业务成本、其他业务成本、销售费用、管理费用（属于无形资产摊销费用的部分）	根据"主营业务成本""其他业务成本""销售费用""管理费用"科目中属于无形资产摊销费用的明细信息填列。

（续表）

部门财务报告报表项目	企业化管理事业单位会计科目	项目说明
公共基础设施折旧（摊销）费用	—	
保障性住房折旧费用	—	
计提专用基金	—	
资产处置费用	营业外支出	根据"营业外支出"科目中属于"固定资产清理"和"待处理财产损溢"转入的明细信息填列。
上缴上级费用	—	
对附属单位补助费用	—	
所得税费用	所得税费用	
其他费用		根据本表上述各项之外的其他费用合计金额填列。

注：本表供参考。

附3

抵销工作底表

单位：万元

序号	抵销事项	抵销分录	所属单位 A1	所属单位 A2	……	合计
1-1	部门内部单位之间发生的债权债务事项，应予以抵销。	借：应付票据、应付账款、预收款项、其他应付款、长期应付款				
		贷：应收票据、应收账款、预付款项、其他应收款				
1-2	部门内部单位之间发生的债权债务事项，债权方已计提坏账准备的，应予以抵销。其中，以前年度计提的，贷记"累计盈余"；当期补提或冲减的，贷记"其他费用"。（当期坏账准备冲减数以负数填列）	借：应收账款净额——坏账准备、其他应收款净额——坏账准备				
		贷：其他费用 累计盈余				
2	部门内部单位之间发生的上级补助收入与对附属单位补助费用，应予以抵销。	借：上级补助收入				
		贷：对附属单位补助费用				
3	部门内部单位之间发生的上缴上级费用与附属单位上缴收入、其他收入（行政单位使用），应予以抵销。	借：附属单位上缴收入、其他收入（行政单位使用）				
		贷：上缴上级费用				
4	支付给部门内部单位的业务活动费用（商品和服务费用、其他费用）、单位管理费用（商品和服务费用、其他费用）、经营费用（商品和服务费用、其他费用）、其他费用和来自部门内部单位的事业收入、非同级财政拨款收入、经营收入、租金收入、其他收入，应予以抵销。	借：事业收入、非同级财政拨款收入、经营收入、租金收入、其他收入				
		贷：业务活动费用、单位管理费用、经营费用、其他费用				

（续表）

序号	抵销事项	抵销分录	所属单位 A1	所属单位 A2	……	合计
5	部门内部特殊情况抵销事项。在各单位充分对账、会计处理正确的前提下，部门合并主体对于按照规定未能进行抵销处理，且不属于规定的不抵销事项，应予以抵销。	借：有关应付及预收、收入项目				
		贷：有关应收及预付、费用项目				
		借或贷：累计盈余				
6	根据抵销分录中收入总额与费用总额的差额调整累计盈余	借或贷：收入调整总额与费用总额的差额				
		借或贷：累计盈余				

附4

抵销事项清单

序号	抵销事项	抵销分录
1-1	部门内部单位之间发生的债权债务事项，应予以抵销。	借：应付票据、应付账款、预收账款、其他应付款、长期应付款 贷：应收票据、应收账款、预付账款、其他应收款
1-2	部门内部单位之间发生的债权债务事项，债权方已计提坏账准备的，应予以抵销。 其中，以前年度计提的，贷记"累计盈余"；当期补提或冲减的，贷记"其他费用"。	借：应收账款净额——坏账准备、其他应收款净额——坏账准备 贷：其他费用 累计盈余
2	部门内部单位之间发生的上级补助收入与对附属单位补助费用，应予以抵销。	借：上级补助收入 贷：对附属单位补助费用
3	部门内部单位之间发生的上缴上级费用与附属单位上缴收入、其他收入（行政单位使用），应予以抵销。	借：附属单位上缴收入、其他收入（行政单位使用） 贷：上缴上级费用
4	支付给部门内部单位的业务活动费用（商品和服务费用、其他费用）、单位管理费用（商品和服务费用、其他费用）、经营费用（商品和服务费用、其他费用）、其他费用和来自部门内部单位的事业收入、非同级财政拨款收入、经营收入、租金收入、其他收入，应予以抵销。对涉及增值税的应税业务，按扣除增值税后的净额抵销。	借：事业收入、非同级财政拨款收入、经营收入、租金收入、其他收入 贷：业务活动费用、单位管理费用、经营费用、其他费用
5	部门内部特殊情况抵销事项。在各单位充分对账、会计处理正确的前提下，部门合并主体对于按照规定未能进行抵销处理，且不属于规定的不抵销事项，应予以抵销。	借：有关应付及预收、收入项目 贷：有关应收及预付、费用项目 借或贷：累计盈余
6	根据抵销分录中收入总额与费用总额的差额调整累计盈余	借或贷：收入调整总额与费用总额的差额 借或贷：累计盈余

注：上述清单中未涵盖的抵销事项，可根据实际情况自行增设抵销分录。

附 5

单位基础信息清单

序号	要素名称	备注
1	单位名称	从一体化系统提取
2	单位负责人	从一体化系统提取
3	财务负责人	从一体化系统提取
4	单位代码	从一体化系统提取
5	地址	从一体化系统提取
6	邮政编码	从一体化系统提取
7	统一社会信用代码	从一体化系统提取
8	单位预算级次	从一体化系统提取
9	审核人	人工录入
10	审核人联系电话	人工录入
11	编制人	人工录入
12	编制人联系电话	人工录入
13	财政区划	从一体化系统提取
14	单位类型	从一体化系统提取
15	执行会计制度	从一体化系统提取
16	预算级次	从一体化系统提取
17	国民经济行业分类	从一体化系统提取
18	部门标识代码	从一体化系统提取
19	报表小类	人工录入（单户表或合并表）
20	报送主体编码	从一体化系统提取
21	新报因素	人工录入
22	是否编制行政事业单位国有资产报告	从一体化系统提取
23	是否编制部门决算	从一体化系统提取
24	实有人数	从一体化系统提取
25	上年报送主体编码	从一体化系统提取
26	报送主体类型	从一体化系统提取

政府综合财务报告编制操作指南

(财库〔2023〕23号印发)

第一章 总 则

第一条 为规范政府综合财务报告编制工作,确保各级政府财政部门准确、完整编制政府综合财务报告,根据《政府财务报告编制办法》和政府会计准则制度等,制定本指南。

第二条 政府综合财务报告包括本级政府综合财务报告和行政区政府综合财务报告。

第三条 政府综合财务报告以权责发生制为基础,主要反映政府整体财务状况、运行情况和财政中长期可持续性等信息,具体包括财务报表、政府财政经济分析和政府财政财务管理情况。

第四条 财务报表包括会计报表和报表附注。会计报表包括资产负债表和收入费用表。

(一)资产负债表。反映政府整体年末财务状况。资产负债表应当按照资产、负债和净资产分类分项列示。

(二)收入费用表。反映政府整体年度运行情况。收入费用表应当按照收入、费用和盈余分类分项列示。

(三)报表附注。重点对会计报表作进一步解释说明。

第五条 政府财政经济分析以财务报表为依据,结合国民经济形势,对政府财务状况、运行情况,以及财政中长期可持续性等内容进行分析。

第六条 政府财政财务管理情况,主要反映政府财政财务管理的政策要求、主要措施和取得的成效等。

第二章　政府综合会计报表项目

第一节　资产负债表项目

第七条　资产负债表（附1中表1）包括如下项目：

（一）资产类项目。

1. 货币资金，反映政府持有的货币资金期末余额，包括库存现金、国库存款、国库现金管理资产、其他财政存款、银行存款及其他货币资金等。

2. 短期投资，反映政府持有的能够随时变现并且持有时间不超过1年（含1年）的投资期末余额。

3. 应收非税收入，反映政府应向缴款人收取但实际尚未缴入国库的非税收入款项。

4. 应收及预付款项，反映政府持有的各种应收及预付款项期末余额，包括应收票据、应收账款净额、预付账款、其他应收款净额、与下级往来及在途款等。

5. 应收股利，反映政府因持有股权投资而应收未收现金股利或利润的期末余额。

6. 应收利息，反映政府尚未收回的应收利息的期末余额。

7. 存货，反映政府期末存储的存货的实际成本。

8. 一年内到期的非流动资产，反映政府持有的将于1年内（含1年）到期或变现的非流动资产项目的期末余额，包括一年内到期或变现的长期投资、应收转贷款等。

9. 其他流动资产，反映政府除上述各项之外的流动资产期末余额的合计金额。

10. 长期投资，反映政府持有时间超过1年且不在1年内（含1年）变现或到期的债券投资及股权投资的期末余额。

11. 应收转贷款，反映政府尚未收回的偿还期限超过1年的地方政府债券转贷款和主权外债转贷款本金减去1年内（含1年）到期部分后的期末余额。

12. 固定资产净值，反映政府持有的各项固定资产原值减去累计折旧后的期末余额。

13. 在建工程，反映政府尚未完工交付使用的在建工程实际成本的期末余额。

14. 无形资产净值，反映政府持有的各项无形资产原值减去累计摊销后的期末余额。

15. 研发支出，反映政府正在进行的无形资产开发项目开发阶段发生的累计支出数。

16. 公共基础设施净值，反映政府为满足社会公共需求而控制的公共基础设施原值减去累计折旧（摊销）后的期末余额。

17. 政府储备物资，反映政府为满足特定公共需求而控制的战略及能源物资、抢险抗灾救灾物资等储备物资期末余额。

18. 文物文化资产，反映政府为满足社会公共需求而控制的文物文化资产的期末余额。

19. 保障性住房净值，反映政府为满足社会公共需求而控制的保障性住房原值减去累计折旧后的期末余额。

20. 其他非流动资产，反映政府除上述各项之外的非流动资产期末余额的合计金额。

21. 受托代理资产，反映政府接受委托方委托管理的各项资产的期末余额。

资产类项目原则上不能出现负数，负数情况需在附注中作出说明。

（二）负债类项目。

1. 应付短期政府债券，反映政府尚未偿还的发行期限不超过1年（含1年）的政府债券本金期末余额。

2. 短期借款，反映政府所属事业单位等尚未偿还的借入期限在1年内（含1年）的各种借款期末余额。

3. 应付及预收款项，反映政府承担的各种应付及预收款项的期末余额，包括应付票据、应付账款、预收账款、其他应付款及与上级往来等。

4. 应付职工薪酬，反映政府按照有关规定应付给职工及为职工支付的各种薪酬期末余额。

5. 应付政府补贴款，反映政府按照有关规定应付的各种政府补贴款的期末余额。

6. 应付利息，反映政府当期尚未支付的应付利息期末余额，不含到期一次还本付息的长期政府债券的应付利息余额。

7. 一年内到期的非流动负债，反映政府承担的1年内（含1年）到期的非流动负债期末余额。

8. 其他流动负债，反映政府除上述各项之外的流动负债期末余额的合计金额。包括应交增值税、其他应交税费、应缴财政款及预提费用等。

9. 应付长期政府债券，反映政府承担的偿还期限超过1年的长期政府债券的本金余额及到期一次还本付息的长期政府债券的应付利息余额，减去1年内（含1年）到期部分后的期末余额。

10. 应付转贷款，反映政府承担的偿还期限超过1年的地方政府债券转贷款和主权外债转贷款的本金，减去1年内（含1年）到期部分后的期末余额。

11. 长期借款，反映政府向外国政府和国际金融组织借入的偿还期限超过1年的款项及政府所属事业单位等承担的偿还期限超过1年的借入款项，减去1年内（含1年）到期部分后的期末余额。

12. 长期应付款，反映政府承担的偿付期限超过1年的应付款项，减去1年内（含1年）到期部分后的期末余额。

13. 其他非流动负债，反映政府除上述各项之外的非流动负债期末余额的合计金额。

14. 受托代理负债，反映政府接受委托取得受托代理资产而形成负债的期末余额。

负债类项目原则上不能出现负数，负数情况需在附注中作出说明。

（三）净资产类项目。

净资产，反映政府期末总资产减去总负债的差额。

第二节 收入费用表项目

第八条 收入费用表（附1中表2）包括如下项目：

（一）收入类项目。

1. 税收收入，反映政府本期取得的税收收入。

2. 非税收入，反映政府本期取得的非税收入。

3. 事业收入，反映政府本期因开展专业业务活动及其辅助活动取得的收入。

4. 经营收入，反映政府本期开展经营活动取得的收入。

5. 投资收益，反映政府本期因持有各类股权债券投资所实现的收益或发生的损失。

6. 政府间转移性收入，反映政府本期取得的来自非同级政府和不同地区同级政府的款项。

7. 其他收入，反映政府本期取得的除上述收入之外的其他收入。

（二）费用类项目。

1. 工资福利费用，反映政府本期发生的给在职职工和编制外长期聘用人员的各类劳动报酬，以及为上述人员缴纳的各项社会保险费等。

2. 商品和服务费用，反映政府本期购买商品和服务发生的各类费用。

3. 对个人和家庭的补助费用，反映政府本期用于对个人和家庭的补助。

4. 对企业补助费用，反映政府本期对各类企业的补助。

5. 对社会保障基金补助费用，反映政府本期对社会保险基金的补助以及补充全国社会保障基金的费用。

6. 政府间转移性费用，反映政府本期提供给非同级政府和不同地区同级政府的款项。

7. 固定资产折旧费用，反映政府本期对固定资产提取的折旧费用。

8. 无形资产摊销费用，反映政府本期对无形资产提取的摊销费用。

9. 公共基础设施折旧（摊销）费用，反映政府本期对公共基础设施提取的折旧（摊销）费用。

10. 保障性住房折旧费用，反映政府本期对保障性住房提取的折旧费用。

11. 财务费用，反映政府本期有偿使用相关资金而发生的未资本化的费用，包括利息费用，政府债务发行、兑付、登记费用，以外币计算的政府资产及债务由于汇率变化产生的汇兑损益等。

12. 资产处置费用，反映政府本期经批准处置资产时发生的费用，包括政府部门资产处置费用。

13. 其他费用，反映政府本期发生的除上述费用以外的其他费用。

（三）盈余类项目。

本年盈余，反映政府本期总收入减去总费用的差额。

第三章 政府综合会计报表编制

第一节 本级政府综合会计报表编制

第九条 本级政府综合会计报表属于合并会计报表,在汇总本级政府各部门财务报表、财政总会计报表(财务会计报表)、土地储备资金财务报表等报表基础上,抵销本级政府各部门之间、政府财政与部门之间、财政内部之间的经济业务或事项,并作相关调整后合并形成。

第十条 编制本级政府综合会计报表的数据主要来源于以下报表:

(一)本级政府部门财务报表。

(二)财政总会计报表(财务会计报表)。政府财政持有的股权投资及相关应收股利、投资收益,原则上取自总会计报表。

(三)土地储备资金财务报表。

第十一条 资产负债表和收入费用表采用汇总工作表(附4-1)方式,按照以下步骤编制形成。汇总工作表属于工作底稿。

(一)按照"被合并主体报表项目与本级政府综合会计报表项目对照表"(以下简称"报表项目对照表",附5)将被合并主体报表各项数据填列到汇总工作表对应栏。

将政府部门财务报表、财政总会计报表、土地储备资金财务报表中的年末资产、年末负债、年末净资产、本年收入、本年费用(支出)项目数据按照"报表项目对照表"分项填入汇总工作表对应栏中。其中,能够直接对应到政府综合会计报表项目的,直接填入对应栏;不能直接对应的,分析填列至相应栏或填入"待抵销调整项目"。分析填列事项应做好备查记录。

(二)对被合并主体之间发生的经济业务或事项,按照"抵销调整事项清单"(附6-1)编制抵销分录,填入汇总工作表"抵销分录"栏。

1. 抵销本级政府部门之间的经济业务或事项。

政府财政部门应当根据政府部门财务报表项目明细信息,对经确认的本级政府部门之间的经济业务或事项进行抵销。

按照重要性原则,设定10万元抵销阈值。不同部门的单位之间债权债务事项,年末余额不超过10万元的,可以不进行抵销。不同部门的单位之间收入费用事项,本年累计发生额不超过10万元的,可以不进行抵销。具备条件的须应抵尽抵,不受阈值限制。

(1)抵销本级政府部门之间的债权债务事项。

政府部门之间发生的待抵销债权债务事项主要涉及应收票据、应收账款、预付账款、其他应收款、应付票据、应付账款、预收账款、其他应付款、长期应付款等报表项目。

对于经确认抵销的债权债务事项,要编制抵销分录:借记"应付票据""应付账款""预收账款""其他应付款""长期应付款";贷记"应收票据""应收账款""预付账款""其他应收款"。已计提坏账准备的债权债务,应按债权债务原值编制抵销分录,同时应抵销已计提的坏账准备,借记"应收账款净额——坏账准备""其他应收款净额——坏账准备",贷记"累计盈余"(以前年度计提的金额)、"其他费用"(当期补提或冲减的金额)。

例:A部门财务报表"其他应收款"明细信息显示,A部门应收B部门款项500万元,B部门财务报表"其他应付款"明细信息显示,B部门应付A部门款项500万元。经确认无误后,编制抵销分录如下(分录金额为万元,下同):

借:其他应付款——A部门　　　　　　　　500
　　贷:其他应收款——B部门　　　　　　　　500

例:A部门财务报表"应收账款"明细信息显示,应收B部门款项100万元,假设该部门按照账龄分析法对此应收账款计提坏账准备10万元,年末应收账款净额为90万元。B部门财务报表"应付账款"明细信息显示,应付A部门款项100万元。第一年编制政府综合财务报表时,经确认无误后,编制抵销分录如下:

借:应付账款——A部门　　　　　　　　100
　　贷:应收账款——B部门　　　　　　　　100
借:应收账款净额——坏账准备　　　　　　10
　　贷:其他费用　　　　　　　　　　　　　10

第二年,A部门对该应收账款补提5万元的坏账准备,年末应收账款净额为 85 万元。第二年编制政府综合财务报表时，抵销分录如下：

借：应付账款——A 部门　　　　　　　　　　　100
　　贷：应收账款——B 部门　　　　　　　　　　　100
借：应收账款净额——坏账准备　　　　　　　　　15
　　贷：其他费用　　　　　　　　　　　　　　　　5
　　　　累计盈余　　　　　　　　　　　　　　　 10

第三年，A 部门收回该应收账款 50 万元，冲减 8 万元的坏账准备，年末应收账款净额为 43 万元。第三年编制政府综合财务报表时，抵销分录如下：

借：应付账款——A 部门　　　　　　　　　　　 50
　　贷：应收账款——B 部门　　　　　　　　　　　 50
借：应收账款净额——坏账准备　　　　　　　　　　7
　　贷：其他费用　　　　　　　　　　　　　　　 －8
　　　　累计盈余　　　　　　　　　　　　　　　 15

（2）抵销本级政府部门之间的收入费用事项。

政府部门之间发生的待抵销收入费用事项主要涉及事业收入、非同级财政拨款收入、经营收入、租金收入、其他收入、商品和服务费用、其他费用等报表项目。

对于经确认抵销的收入费用事项，编制抵销分录：借记"事业收入（来自同级政府部门）""非同级财政拨款收入（来自同级政府部门）""经营收入（来自同级政府部门）""租金收入（来自同级政府部门）""其他收入（来自同级政府部门）"；贷记"商品和服务费用（支付给同级政府部门）""其他费用（支付给同级政府部门）"。

例：B 部门财务报表中，来自同级 A 部门的事业收入 6 700 万元，A 部门支付给同级 B 部门的商品和服务费用 6 700 万元。经确认无误后，编制抵销分录如下：

借：事业收入（来自同级政府部门）　　　　　　6 700
　　贷：商品和服务费用（支付给同级政府部门）　　　6 700

2.抵销本级财政与政府部门之间发生的经济业务或事项。

（1）财政总会计报表中的"应付国库集中支付结余"与政府部门财务报表、土地储备资金财务报表中的"财政应返还额度"之间存在抵销关系，应经相关方确认后抵销。抵销分录为：借记"应付国库集中支付结余"，贷记"财政应返还额度"。

例：政府部门财务报表中财政应返还额度15 000万元；财政总会计报表中应付国库集中支付结余15 000万元。经确认无误后，编制抵销分录如下：

借：应付国库集中支付结余　　　　　　　　　　15 000
　　贷：财政应返还额度　　　　　　　　　　　　　15 000

（2）财政总会计报表中的"政府机关商品和服务拨款费用""政府机关工资福利拨款费用"等财政拨款费用项目与政府部门财务报表的"财政拨款收入"存在抵销关系，应经相关方确认后抵销。抵销分录为：借记"财政拨款收入"，贷记"政府机关商品和服务拨款费用""政府机关工资福利拨款费用""对事业单位补助拨款费用""对企业补助拨款费用""对个人和家庭补助拨款费用""资本性拨款费用""其他拨款费用"。

例：政府部门财务报表中财政拨款收入9 700万元，其中政府机关商品和服务拨款费用安排4 200万元，政府机关工资福利拨款费用安排3 500万元，对个人和家庭补助拨款费用安排1 700万元，资本性拨款费用安排300万元。经确认无误后，编制抵销分录如下：

借：财政拨款收入　　　　　　　　　　　　　　9 700
　　贷：政府机关商品和服务拨款费用　　　　　　　4 200
　　　　政府机关工资福利拨款费用　　　　　　　　3 500
　　　　对个人和家庭补助拨款费用　　　　　　　　1 700
　　　　资本性拨款费用　　　　　　　　　　　　　　300

（3）财政总会计报表中的"财政专户管理资金支出"与政府部门财务报表的"事业收入"中来自财政专户拨入的部分之间存在抵销关系，应经相关方确认后抵销。抵销分录为：借记"事业收入（财政专户管理资金）"，贷记"财政专户管理资金支出"。

例：财政总会计报表中财政专户管理资金支出 7 800 万元，政府部门财务报表中事业收入中来自财政专户的资金 7 800 万元。经确认无误后，编制抵销分录如下：

借：事业收入（财政专户管理资金）   7 800
 贷：财政专户管理资金支出   7 800

（4）财政总会计报表"借出款项"与政府部门财务报表中"其他应付款"之间存在抵销关系，应经确认后抵销。抵销分录为：借记"其他应付款"，贷记"借出款项"。

例：财政总会计报表借出款项中属于向 C 部门借出的金额为 430 万元，C 部门财务报表中的其他应付款 430 万元，经确认无误后，编制抵销分录如下：

借：其他应付款   430
 贷：借出款项   430

（5）财政总会计报表中的"预拨经费"与政府部门财务报表中的"其他应付款"之间存在抵销关系，应经确认后抵销。抵销分录为：借记"其他应付款"，贷记"预拨经费"。

例：财政总会计报表中预拨经费 720 万元，政府部门财务报表中的其他应付款 720 万元，经确认无误后，编制抵销分录如下：

借：其他应付款   720
 贷：预拨经费   720

（6）财政代管预算单位资金，单位通过"其他应收款"核算的，财政总会计报表中的"应付代管资金"与政府部门财务报表中的"其他应收款"之间存在抵销关系，应经确认后抵销。抵销分录为：借记"应付代管资金"，贷记"其他应收款"。

例：财政总会计报表应付代管资金中属于 C 部门的金额为 200 万元，C 部门财务报表其他应收款中应收财政代管资金的金额为 200 万元，经确认无误后，编制抵销分录如下：

借：应付代管资金　　　　　　　　　　　　　　　200
　　贷：其他应收款　　　　　　　　　　　　　　　　　200

财政代管预算单位资金，单位通过"银行存款"核算的，财政总会计报表中的"应付代管资金"与政府部门财务报表中的"银行存款"之间存在抵销关系，应经确认后抵销。抵销分录为：借记"应付代管资金"，贷记"银行存款"。

例：财政总会计报表应付代管资金中属于 C 部门的金额为 200 万元，C 部门财务报表银行存款中应收财政代管资金的金额为 200 万元，经确认无误后，编制抵销分录如下：

借：应付代管资金　　　　　　　　　　　　　　　200
　　贷：银行存款　　　　　　　　　　　　　　　　　　200

3. 抵销财政内部之间发生的经济业务或事项。

财政总会计报表"专用基金收入"中通过财政拨款费用安排的部分与"政府机关商品和服务拨款费用""对企业补助拨款费用""对个人和家庭补助拨款费用"之间存在抵销关系，应经确认后抵销。抵销分录为：借记"专用基金收入"，贷记"政府机关商品和服务拨款费用""对企业补助拨款费用""对个人和家庭补助拨款费用"。

例：财政总会计报表专用基金收入中由对企业补助拨款费用安排的部分为 12 600 万元、对个人和家庭补助拨款费用安排的部分为 13 000 万元，经确认无误后，编制抵销分录如下：

借：专用基金收入　　　　　　　　　　　　　　25 600
　　贷：对企业补助拨款费用　　　　　　　　　　　12 600
　　　　对个人和家庭补助拨款费用　　　　　　　　13 000

（三）按照"抵销调整事项清单"（附 6-1）编制调整分录，填入汇总工作表"调整分录"栏。

1. 将财政拨付给企业下属事业单位和非同级政府事业单位等的对事业单位补助拨款费用分析调整至相应费用项目。

上述补助拨款费用中属于工资福利费用、商品和服务费用等部分，应分析调整填入对应费用项目。借记"工资福利费用""商品和服务费用"等，贷记"对事业单位补助拨款费用"。

例：财政总会计报表中，对某企业集团下属事业单位补助拨款费用中商品和服务费用 9 372 万元。编制调整分录如下：

借：商品和服务费用　　　　　　　　　　9 372
　　贷：对事业单位补助拨款费用　　　　　　　9 372

2. 将财政总会计报表中"专用基金支出"分析调整至政府综合会计报表相应的费用项目。

对财政总会计报表中的专用基金支出，应按支出经济分类分析调整为政府综合会计报表中的"商品和服务费用""对个人和家庭的补助费用""对企业的补助费用"等项目。调整分录为：借记"商品和服务费用""对个人和家庭的补助费用""对企业的补助费用"等，贷记"专用基金支出"。

例：财政总会计报表专用基金支出中用于对企业的补助费用 19 800 万元，对个人和家庭的补助费用 5 300 万元。编制调整分录如下：

借：对个人和家庭的补助费用　　　　　5 300
　　对企业的补助费用　　　　　　　　19 800
　　贷：专用基金支出　　　　　　　　　　　25 100

3. 根据调整分录中收入调整总额与费用调整总额的差额，调整净资产项目。

对收入和费用的调整最终会影响净资产总额，应按照所有调整分录汇总计算调整额（收入调增额－收入调减额－费用调增额＋费用调减额）。如果调整额为正数,调增"净资产";如果调整额为负数,则调减"净资产"。

(四)将汇总工作表各项目对应的原始数据栏、抵销分录栏、调整分录栏中的数据,分别计算出经过抵销调整后的金额。

1. 资产类项目。

资产类项目中,各项目"被合并主体报表对应项目"栏金额加总,得到"原有金额合计";"原有金额合计"加上该项目"抵销分录"借方金额,减去该项目"抵销分录"贷方金额,得到"包括抵销后合计";"包括抵销后合计"加上该项目"调整分录"借方金额,减去该项目"调整分录"贷方金额,得到"包括抵销调整后合计"。

资产类各项目加总后,计算出"原有金额合计""包括抵销后合计""包括抵销调整后合计"对应的"资产合计"数。

2. 负债类项目。

负债类项目,各项目"被合并主体报表对应项目"栏金额加总,得到"原有金额合计";"原有金额合计"减去该项目"抵销分录"借方金额,加上该项目"抵销分录"贷方金额,得到"包括抵销后合计";"包括抵销后合计"减去该项目"调整分录"借方金额,加上该项目"调整分录"贷方金额,得到"包括抵销调整后合计"。

负债类各项目加总后,计算出"原有金额合计""包括抵销后合计""包括抵销调整后合计"对应的"负债合计"数。

3. 净资产类项目。

将"被合并主体报表对应项目"栏各项目金额加总,得到"原有金额合计";"原有金额合计"减去该项目"抵销分录"借方金额,加上该项目"抵销分录"贷方金额,得到"包括抵销后合计";"包括抵销后合计"减去该项目"调整分录"借方金额,加上该项目"调整分录"贷方金额,得到"包括抵销调整后合计"。

净资产类各项目加总后,计算出"原有金额合计""包括抵销后合计""包括抵销调整后合计"对应的"净资产合计"数。

4. 收入类项目。

收入类项目,各项目"被合并主体报表对应项目"栏金额加总,得到"原有金额合计";"原有金额合计"减去该项目"抵销分录"借方金额,加上该项目"抵销分录"贷方金额，得到"包括抵销后合计"；"包括抵销后合计"减去该项目"调整分录"借方金额，加上该项目"调整分录"贷方金额，得到"包括抵销调整后合计"。

"待抵销调整项目"抵销调整后原则上无余额。若有余额，填入"其他收入"。

收入类各项目加总后，计算出"原有金额合计""包括抵销后合计""包括抵销调整后合计"对应的"收入合计"数。

5. 费用类项目。

费用类项目，"被合并主体报表对应项目"栏金额加总，得到"原有金额合计"；"原有金额合计"加上该项目"抵销分录"借方金额，减去该项目"抵销分录"贷方金额，得到"包括抵销后合计"；"包括抵销后合计"加上该项目"调整分录"借方金额，减去该项目"调整分录"贷方金额，得到"包括抵销调整后合计"。

"待抵销调整项目"抵销调整后原则上无余额。若有余额，分析填入对应的费用项目。

费用类各项目加总后，计算出"原有金额合计""包括抵销后合计""包括抵销调整后合计"对应的"费用合计"数。

6. 本年盈余项目。

按照"本年盈余＝本年收入－本年费用"，计算各报表及政府本年盈余数额。

（五）试算平衡后，将数据填入政府综合会计报表对应项目，生成本级政府综合会计报表。

对调整后的各项目金额进行试算平衡。试算平衡方法：按照"期末净资产总额＝原始报表期末净资产总额＋根据所有调整分录汇总的净资产调整额"计算政府综合会计报表中政府期末净资产总额。所计算的期末净资产总额应当等于恒等式"期末净资产总额＝期末资产总额－期末负债总额"计算的政府期末净资产总额。

试算平衡后，将汇总工作表"包括抵销调整后合计"栏数据对应填入政府综合会计报表中"资产负债表"各项目"年末数"栏，"收入费用表"各项目的"本年数"栏。

第二节 行政区政府综合会计报表编制

第十二条 行政区政府综合会计报表在汇总本级和所辖下级政府综合会计报表的基础上，采用抵销方法合并编制。

第十三条 资产负债表和收入费用表采用汇总工作表（见附4-2）方式编制，汇总工作表属于工作底稿。

（一）将被合并主体资产负债表和收入费用表各报表项目数据填列到汇总工作表"被合并政府报表项目金额"栏，计算加总金额。

（二）对被合并主体之间发生的经济业务或事项，按照抵销事项清单（见附6-2）编制抵销分录，填入汇总工作表"抵销分录"栏。抵销分录所需明细信息来源于被合并主体提供的政府综合财务报表相关数据。

（三）将汇总工作表各项目对应的"原有金额合计"栏、"抵销分录"栏中的数据相减，分别计算出经过抵销后的数据，填入相应的"抵销后金额合计"栏，据此生成合并后的资产负债表和收入费用表。

第十四条 合并本行政区各级政府综合财务报表时，应抵销下列事项：

（一）不同政府财政之间发生的经济业务或事项。

1.上下级政府财政之间发生的往来事项。

上下级政府财政之间发生的往来事项主要涉及的报表项目有应收及预付款项（与下级往来、其他应收款）、应付及预收款项（与上级往来、其他应付款），应经确认后抵销。抵销分录为：借记"应付及预收款项"；贷记"应收及预付款项"。

例：甲市政府综合财务报表"应收及预付款项"中，甲市财政应收所辖B县财政款项700万元；B县政府综合财务报表"应付及预收款项"中，B县财政应付甲市财政款项700万元。经确认无误后，编制抵销分录如下：

  借：应付及预收款项   700

    贷：应收及预付款项   700

2.上下级政府财政之间发生的地方政府债券转贷款和主权外债转贷款本金。

上下级政府财政之间发生的转贷款本金主要涉及的报表项目有应收转贷

款、一年内到期的非流动资产（一年内到期的应收转贷款）、应付转贷款、一年内到期的非流动负债（一年内到期的应付转贷款），应经确认后抵销。抵销分录为：借记"应付转贷款""一年内到期的非流动负债"；贷记"应收转贷款""一年内到期的非流动资产"。

例：甲市为某省下一级政府，甲市政府综合财务报表中应付转贷款中应付地方政府债券转贷款 80 000 万元，该省应收转贷款中应收甲市地方政府债券转贷款 80 000 万元。经确认无误后，编制抵销分录如下：

借：应付转贷款　　　　　　　　　　　　80 000
　　贷：应收转贷款　　　　　　　　　　　　80 000

3.上下级政府财政之间发生的地方政府债券转贷款和主权外债转贷款利息。

上下级政府财政之间发生的转贷款利息主要涉及的报表项目有应收利息、应付利息，应经确认后抵销。抵销分录为：借记"应付利息"，贷记"应收利息"。

例：甲市为某省下一级政府，甲市政府综合财务报表中地方政府债券应付利息 1 000 万元，该省应收利息中应收甲市地方政府债券应付利息 1 000 万元。经确认无误后，编制抵销分录如下：

借：应付利息　　　　　　　　　　　　　1 000
　　贷：应收利息　　　　　　　　　　　　　1 000

4.上下级政府财政之间发生的补助收支和上解收支。

上下级政府财政之间的补助收支和上解收支主要涉及的报表项目有政府间转移性收入（补助收入、上解收入）、政府间转移性费用（补助费用、上解费用），应经确认后抵销。抵销分录为：借记"政府间转移性收入"；贷记"政府间转移性费用"。

例：某省本级政府综合财务报表"政府间转移性费用"明细表中，对

B市财政拨付了2 000万元补助费用，B市"政府间转移性收入"明细表中收到省级补助收入2 000万元，经确认无误后，编制抵销分录如下：

  借：政府间转移性收入   2 000

    贷：政府间转移性费用   2 000

5. 不同政府财政之间发生的援助收支。

不同政府财政之间发生的援助收支主要涉及的报表项目有政府间转移性收入（地区间援助收入）、政府间转移性费用（地区间援助费用），应经确认后抵销。抵销分录为：借记"政府间转移性收入"；贷记"政府间转移性费用"。

例：某市B县政府综合财务报表中，收到来自同市A县的地方援助收入100万元，A县支付给B县的地方援助费用100万元。经确认无误后，编制抵销分录如下：

  借：政府间转移性收入   100

    贷：政府间转移性费用   100

（二）政府部门与非同级政府财政之间发生的经济业务或事项。

政府部门的"非同级财政拨款收入"中来自于非同级政府财政的拨款，与对方政府财政的相关费用之间存在抵销关系，应经确认后抵销。抵销分录为：借记"政府间转移性收入（非同级财政拨款收入）"，贷记"商品和服务费用""其他费用"等。

例：某省政府综合财务报表中甲市C部门（如：税务、工商等）非同级财政拨款收入500万元，其中来自丙县财政200万元；丙县政府综合财务报表其他费用中支付给甲市C部门200万元。经确认无误后，编制抵销分录如下：

  借：政府间转移性收入   200

    贷：其他费用   200

（三）非同级政府部门之间发生的经济业务或事项。

1. 非同级政府部门之间的债权债务事项。

非同级政府部门之间发生的债权债务事项主要涉及的报表项目有应收及预付款项、应付及预收款项，应经确认后抵销。抵销分录为：借记"应付及预收款项"，贷记"应收及预付款项"。

例：某省甲市政府综合财务报表"应收及预付款项"中，A部门应收同省乙市B部门款项500万元；乙市政府综合财务报表"应付及预收款项"中，B部门应付A部门款项500万元。经确认无误后，编制抵销分录如下：

借：应付及预收款项　　　　　　　　　　　　500
　　贷：应收及预付款项　　　　　　　　　　　　500

2. 非同级政府部门之间的收入费用事项。

非同级政府部门之间发生的待抵销收入费用事项主要涉及事业收入、政府间转移性收入（非同级财政拨款收入）、经营收入、其他收入、商品和服务费用、其他费用等报表项目。

对于经确认抵销的收入费用事项，编制抵销分录：借记"事业收入（来自非同级政府部门）""政府间转移性收入（来自非同级政府部门）""经营收入（来自非同级政府部门）""其他收入（来自非同级政府部门）"；贷记"商品和服务费用（支付给非同级政府部门）""其他费用（支付给非同级政府部门）"。

例：某省甲市政府综合财务报表中，A部门收到来自同省乙市B部门支付的事业收入600万元，B部门的商品和服务费用中支付给甲市A部门600万元。经确认无误后，编制抵销分录如下：

借：事业收入　　　　　　　　　　　　　　　600
　　贷：商品和服务费用　　　　　　　　　　　　600

第四章 会计报表附注编制

第一节 会计报表附注内容

第十五条 会计报表附注具体应包括下列内容：会计报表编制基础、遵循相关制度规定的声明、会计报表的合并范围、重要会计政策与会计估计变更情况、会计报表重要项目明细信息及说明、需要说明的其他事项。

第二节 会计报表的编制基础

第十六条 政府综合财务报告中的会计报表以权责发生制为基础编制。

第三节 遵循相关制度规定的声明

第十七条 政府财政部门应当声明编制的会计报表符合政府会计准则、相关会计制度和财务报告编制规定的要求，如实反映政府整体的财务状况、运行情况等有关信息。

第四节 会计报表的合并范围

第十八条 会计报表的合并范围至少包括以下主体：

（一）资金主体。

1.政府管理的各类资金，主要包括一般公共预算资金、政府性基金预算资金、国有资本经营预算资金、财政专户管理资金、专用基金和代管资金等各项资金，以及土地储备资金等。

2.本年资金主体变动情况。

（二）机构主体。

1.纳入政府综合财务报告编报范围的部门名称、部门所属单位的数量、实有人数情况等。

2.本年机构主体变动情况。

第五节 重要会计政策与会计估计变更情况

第十九条 对本年发生的重要会计政策和会计估计变更，应说明变更的内容和原因，受其重要影响的报表项目名称和金额，以及重要会计政策和会计估计变更开始适用的时点。

第六节　会计报表重要项目明细信息及说明

第二十条　采用数字和文字描述相结合的方式披露重要项目的明细信息。报表重要项目明细信息的金额合计，应当与会计报表中的相应项目金额衔接一致。

第二十一条　报表重要项目明细信息应至少包括下列报表（本级政府综合会计报表重要项目明细表见附2，行政区政府综合会计报表重要项目明细表见附3，行政区政府综合财务报告不编制带*明细表）：

（一）货币资金明细表。

（二）应收及预付款项明细表。

（三）一年内到期的非流动资产明细表。

（四）长期投资及投资收益明细表。

（五）应收转贷款明细表*。

（六）固定资产明细表。

（七）在建工程明细表。

（八）无形资产明细表。

（九）公共基础设施明细表。

（十）政府储备物资明细表。

（十一）保障性住房明细表。

（十二）应付及预收款项明细表。

（十三）一年内到期的非流动负债明细表。

（十四）应付长期政府债券明细表。

（十五）应付转贷款明细表。

（十六）长期借款明细表。

（十七）政府间转移性收入明细表。

（十八）政府间转移性费用明细表。

第七节 需要说明的其他事项

第二十二条 需要说明的其他事项应包括以下内容：

（一）政府社保基金情况。按照社保基金的种类，分别列示社保基金的收入、支出、结余情况。列示政府年末社保基金专户资金余额（年末存款余额）情况。

（二）资产负债表日后重大事项。

（三）对于政府部门管理的公共基础设施、文物文化资产、保障性住房、自然资源资产等重要资产，披露种类和实物量等相关信息。

（四）在建工程中土地收储项目名称及面积等情况。

（五）政府债务限额及余额情况。

（六）或有事项。披露政府或有事项的事由和金额，如担保事项、未决诉讼或仲裁、承诺（补贴、代偿）、救助等，若无法预计金额应说明理由。

（七）资产负债表项目年初数调整情况。

（八）政府会计具体准则中要求附注披露的其他内容，以及其他未在报表中列示，但对政府财务状况有重大影响的事项。

第五章 政府财政经济分析

第一节 政府财政经济分析主要内容

第二十三条 政府财政经济分析以政府综合财务报表为依据，结合宏观经济形势，分析政府财务状况、运行情况，以及财政中长期可持续性等，主要包括以下内容：

（一）政府财务状况分析。

1.资产情况。分析政府资产总额变化情况及原因；重点分析政府资产的构成及分布，对于货币资金、应收及预付款项、长期投资、固定资产、在建工程、公共基础设施、政府储备物资、保障性住房等重要项目，分析各项目比重、变化趋势以及对于政府偿债能力和公共服务能力的影响；其他资产/总资产若高于10%，公共基础设施净值、保障性住房净值较上年增减变动幅度超过20%，需单独分析原因。

2. 负债情况。分析政府负债总额变化情况及原因；重点分析政府负债规模及结构，分析各项目比重以及变化趋势；其他负债/总负债若高于10%，需单独分析原因。

3. 净资产情况。分析政府净资产总额变化情况及原因；净资产总额年末数若为负数，需单独分析原因。

4. 财务状况指标分析。通过政府资产负债率、现金比率、流动比率等指标，分析政府财务风险及可控程度，需要采取的措施等。

（二）政府运行情况分析。

1. 收入情况。分析政府收入总额变化情况及原因；重点分析政府收入规模、结构及来源分布、重点收入项目的比重及变化趋势，特别是宏观经济运行、相关行业发展、税收政策、非税收入政策等对政府收入变动的影响；其他收入/总收入若高于10%，需单独分析原因。

2. 费用情况。分析政府费用总额变化情况及原因；重点按照经济分类分析政府费用规模及构成，特别是政府投融资情况对政府费用变动的影响。其他费用/总费用若高于10%，需单独分析原因。

3. 运行情况指标分析。运用政府收入费用率、税收收入比重等指标，分析政府财政财务运行质量和效率。

（三）财政中长期可持续性分析。

基于当前政府财政财务状况和运行情况，结合本地区经济形势、重点产业发展趋势、财政体制、财税政策、社会保障政策、通货膨胀率等，全面分析政府未来中长期收入支出变化趋势、预测财政收支缺口等。

第二节 政府财政经济分析方法和指标

第二十四条 分析政府财政经济状况时，可采取比率分析法、比较分析法、结构分析法和趋势分析法等方法。

第二十五条 分析政府财政经济状况时，可参考使用以下分析指标：

分析指标表

序号	指标名称	公式	指标说明
一、政府财务状况分析指标			
1	资产负债率	负债总额/资产总额	反映政府偿还债务的能力。
2	流动比率	流动资产/流动负债	反映政府利用流动资产偿还短期负债的能力。
3	现金比率	货币资金/流动负债	反映政府利用货币资金偿还短期负债的能力。
4	可变现资产负债率	负债总额/可变现资产（流动资产＋长期投资）	反映政府利用可变现资产偿还负债的能力。
5	单位负债占比	单位负债总额/负债总额	反映政府单位负债占总负债的比重。
6	流动负债占比	流动负债/负债总额	反映政府面临负债集中偿付的压力。
7	净资产变动率	（净资产总额年末数－净资产总额年初数）/净资产总额年初数	反映净资产的同比变动情况。
二、政府运行情况分析指标			
8	收入费用率	年度总费用/年度总收入	反映政府收入和费用的配比情况。
9	政府自给率	（收入总额－政府间转移性收入）/（费用总额－政府间转移性费用）	反映地方政府自给能力大小。
10	税收收入比重	年度税收收入/年度收入总额	反映政府税收收入在年度总收入中的占比。
11	税收依存度	年度税收收入/年度一般公共预算收入	反映政府收入的稳定性及质量。
12	财务费用比重	财务费用/年度费用总额	反映政府财务费用在年度总费用中的占比。

（续表）

序号	指标名称	公式	指标说明
13	人均工资福利费用	工资福利费用/政府年末实有人数	反映人均工资福利费用情况。
三、财政中长期可持续性分析指标			
14	负债率*	债务余额/本地区GDP	反映经济增长对债务的依赖程度。债务余额为政府法定债务总额。
15	人均带息负债*	带息负债（应付短期政府债券+短期借款+长期借款+应付长期政府债券/转贷款+一年内到期的非流动负债中应付长期政府债券/转贷款）/常住人口	反映人均政府带息负债负担。
16	税收收入弹性*	年度税收收入增长率/本地区GDP增长率	反映税收收入变动对本地区GDP变动的敏感程度。
17	固定资产成新率	固定资产净值/固定资产原值	反映政府固定资产的持续服务能力。
18	公共基础设施成新率	公共基础设施净值/公共基础设施原值	反映政府公共基础设施的持续服务能力。
19	保障性住房成新率	保障性住房净值/保障性住房原值	反映政府保障性住房的持续服务能力。

注：标*指标，本级政府综合财务报告分析时不使用。

第六章 政府财政财务管理情况

第一节 政府预算管理情况

第二十六条 主要反映政府预算编制管理、预算执行管理、财政监督管理、绩效管理等方面的政策要求、主要措施和取得的成效。

第二节 政府资产负债管理情况

第二十七条 主要反映政府资产管理、负债管理等方面的政策要求、主要措施和取得的成效。

第三节 政府收支管理情况

第二十八条 主要反映政府收入管理、支出管理等方面的政策要求、主要措施和取得的成效。

第七章 附　　则

第二十九条 本指南自 2024 年 1 月 1 日起施行，《财政部关于修订印发〈政府综合财务报告编制操作指南（试行）〉的通知》（财库〔2019〕58 号）和《财政部关于修订印发〈地方政府综合财务报告合并编制操作指南（试行）〉的通知》（财库〔2018〕66 号）同时废止。

附：1. 政府综合财务报告样式
　　2. 本级政府综合会计报表重要项目明细表
　　3. 行政区政府综合会计报表重要项目明细表
　　4. 汇总工作表
　　5. 被合并主体报表项目与政府综合会计报表项目对照表
　　6. 抵销调整事项清单

附1 政府综合财务报告样式

××年度××省（市、县）
政府综合财务报告

报送单位：（公章）
单位负责人：（签名并盖章）
处室负责人：（签名并盖章）
编制人：（签章）
报送日期： 年 月

目 录

导言	112
一、政府部门财务报表	113
（一）政府部门会计报表	113
资产负债表	113
收入费用表	115
（二）政府部门会计报表附注	116
1. 会计报表编制基础	116
2. 遵循相关制度规定的声明	116
3. 会计报表的合并范围	116
4. 重要会计政策与会计估计变更情况	116
5. 会计报表重要项目明细信息及说明	116
6. 需要说明的其他事项	116
二、政府部门财务分析	117
（一）政府财务状况分析	117
（二）政府运行情况分析	117
（三）财政中长期可持续性分析	117
三、政府财政财务管理情况	117
（一）政府预算管理情况	117
（二）政府资产负债管理情况	117
（三）政府收支管理情况	117
附件：补充报表	
1. 财政总会计资产负债表	118
2. 财政总会计收入费用表	119
3. 财政总会计现金流量表	120
4. 财政总会计本年预算结余与盈余调节表	123
5. 应付工程款情况表	124
6. 行政事业单位资产负债汇总表	125
7. 行政事业单位收入费用汇总表	127
8. 行政事业单位本年预算结余与盈余调节表	128

导 言

根据预算法第九十七条规定，××省（市、县/区）财政厅（局）组织编制了《××年度××政府综合财务报告》（以下简称《报告》）。……，简要情况如下：

（一）《报告》编制基本情况

概述编制依据、编制基础、主要内容、合并范围、合并方法等。

（二）政府财务状况和运行简况

1. 资产负债情况。

××年末政府资产总额××万元、负债总额××万元、净资产总额××万元。资产负债率为××%，较上年增长/下降××个百分点，表明……。

（1）政府资产

简要说明主要资产金额、占比以及变化情况等。

（2）政府负债

简要说明主要负债金额、占比以及变化情况等。

2. 收入费用情况。

××年度政府收入总额××万元，费用总额××万元，收入费用相抵后本年盈余××万元。收入费用率为××%，较上年增长/下降××个百分点，表明……。

（1）政府收入

简要说明主要收入金额、占比以及变化情况等。

（2）政府费用

简要说明主要费用金额、占比以及变化情况等。

（3）《报告》反映的收入费用与财政决算反映的收入支出的主要差异情况。

一、政府综合财务报表

（一）政府综合会计报表

表1

资产负债表

编制单位：　　　　　　　　　年　月　日　　　　　　　　单位：万元

项目	附注	年末数	年初数
流动资产			
货币资金	附表1		
短期投资			
应收非税收入			
应收及预付款项	附表2		
应收股利			
应收利息			
存货			
一年内到期的非流动资产	附表3		
其他流动资产			
其他流动资产			
长期投资	附表4		
应收转贷款	附表5		
固定资产净值	附表6		
在建工程	附表7		
无形资产净值	附表8		
研发支出			
公共基础设施净值	附表9		
政府储备物资	附表10		

（续表）

项目	附注	年末数	年初数
文物文化资产			
保障性住房净值	附表11		
其他非流动资产			
受托代理资产			
资产合计			
流动负债			
应付短期政府债券			
短期借款			
应付职工薪酬			
应付及预收款项	附表12		
应付政府补贴款			
应付利息			
一年内到期的非流动负债	附表13		
其他流动负债			
非流动负债			
应付长期政府债券	附表14		
应付转贷款	附表15		
长期借款	附表16		
长期应付款			
其他非流动负债			
受托代理负债			
负债合计			
净资产			
负债及净资产合计			

表2

收入费用表

编制单位：　　　　　　　　　　　年　　　　　　　　　单位：万元

项目	附注	年末数	年初数
税收收入			
非税收入			
事业收入			
经营收入			
投资收益	附表4		
政府间转移性收入	附表17		
其他收入			
收入合计			
工资福利费用			
商品和服务费用			
对个人和家庭的补助费用			
对企业补助费用			
对社会保障基金补助费用			
政府间转移性费用	附表18		
固定资产折旧费用			
无形资产摊销费用			
公共基础设施折旧（摊销）费用			
保障性住房折旧费用			
资产处置费用			
财务费用			
其他费用			
费用合计			
本年盈余			

（二）政府综合会计报表附注

1. 会计报表编制基础。（略）
2. 遵循相关制度规定的声明。（略）
3. 会计报表的合并范围。

其中，纳入政府综合财务报告编报范围的部门情况如下表（如部门数量较多，可将该表作为报告附件列示）。

部门清单

序号	部门名称	所属单位（个数）	实有人数
1			
2			
……			
合计			

4. 重要会计政策与会计估计变更情况。（略）
5. 会计报表重要项目明细信息及说明。（略）
6. 需要说明的其他事项。

（1）政府社保基金情况。可采用文字及表格结合的方式进行说明，表样如下：

×× 年度社保基金情况表

单位：万元

社保基金种类	上年累计结余	本年收入	本年支出	本年累计结余
企业职工基本养老保险				
机关事业单位基本养老保险				
……				
合计				

政府社保基金专户资金余额（年末存款余额）为××万元。

（2）资产负债表日后重大事项。

（3）政府部门管理的公共基础设施、文物文化资产、保障性住房、自然资源资产等重要资产的种类和实物量等相关信息。

（4）在建工程中土地收储项目及面积等情况。

（5）政府债务限额及余额情况。根据××人大××次会议审议通过，××年××政府债务限额为××亿元。截至××年末，××政府债务余额为××亿元，未使用的政府债务限额为××亿元，控制在××人大批准的限额之内。

（6）或有事项。披露政府或有事项的事由和金额，如担保事项、未决诉讼或仲裁、承诺（补贴、代偿）、救助等，若无法预计金额应说明理由。

（7）资产负债表项目年初数调整情况。

（8）其他未在会计报表中列示但对政府财务状况有重大影响的事项。

二、政府财政经济分析

（一）政府财务状况分析。（略）

（二）政府运行情况分析。（略）

（三）财政中长期可持续性分析。（略）

三、政府财政财务管理情况

（一）政府预算管理情况。（略）

（二）政府资产负债管理情况。（略）

（三）政府收支管理情况。（略）

附件：补充报表

1. 财政总会计资产负债表

财政总会计资产负债表

年　月　日　　　　　　　　　　　　　　单位：万元

资产	年初余额	期末余额	负债和净资产	年初余额	期末余额
流动资产：			**流动负债：**		
国库存款			应付短期政府债券		
其他财政存款			应付国库集中支付结余		
国库现金管理资产			与上级往来		
有价证券			其他应付款		
应收非税收入			应付代管资金		
应收股利			应付利息		
借出款项			一年内到期的非流动负债		
与下级往来			**　流动负债合计**		
预拨经费			**非流动负债：**		
在途款			应付长期政府债券		
其他应收款			借入款项		
应收利息			应付地方政府债券转贷款		
一年内到期的非流动资产			应付主权外债转贷款		
**　流动资产合计**			其他负债		
非流动资产：			**　非流动负债合计**		
应收地方政府债券转贷款			**　负债合计**		
应收主权外债转贷款			**净资产：**		
股权投资			累计盈余		
**　非流动资产合计**			预算稳定调节基金		
			预算周转金		
			权益法调整		

(续表)

资产	年初余额	期末余额	负债和净资产	年初余额	期末余额
			净资产合计		
资产总计			负债及净资产总计		

注：行政区政府综合财务报告不编制本表。

2.财政总会计收入费用表

财政总会计收入费用表

年　　　　　　　　　　　　单位：万元

项目	预算管理资金		财政专户管理资金		专用基金	
	上年数	本年数	上年数	本年数	上年数	本年数
收入合计						
税收收入			—	—	—	—
非税收入			—	—	—	—
投资收益			—	—		
补助收入			—	—	—	—
上解收入			—	—	—	—
地区间援助收入			—	—	—	—
其他收入			—	—		
财政专户管理资金收入	—	—			—	—
专用基金收入	—	—	—	—		
费用合计						
政府机关商品和服务拨款费用			—	—	—	—
政府机关工资福利拨款费用			—	—	—	—

(续表)

项目	预算管理资金		财政专户管理资金		专用基金	
	上年数	本年数	上年数	本年数	上年数	本年数
对事业单位补助拨款费用			—	—	—	—
对企业补助拨款费用			—	—	—	—
对个人和家庭补助拨款费用			—	—	—	—
对社会保障基金补助拨款费用			—	—	—	—
资本性拨款费用			—	—	—	—
其他拨款费用			—	—	—	—
财务费用			—	—	—	—
补助费用			—	—	—	—
上解费用			—	—	—	—
地区间援助费用			—	—	—	—
其他费用			—	—	—	—
财政专户管理资金支出	—	—			—	—
专用基金支出	—	—	—	—		
本期盈余（本年收入与费用的差额）						

注：1. 表中有"—"的部分不必填列。
　　2. 行政区政府综合财务报告不编制本表。

3.财政总会计现金流量表

财政总会计现金流量表

　　　　　　　　　　　　年　　　　　　　　　　单位：万元

项目	本年金额	上年金额
一、日常活动产生的现金流量		
组织税收收入收到的现金		
组织非税收入收到的现金		

（续表）

项目	本年金额	上年金额
组织财政专户管理资金收入收到的现金		
组织专用基金收入收到的现金		
上下级政府财政资金往来收到的现金		
收回暂付性款项相关的现金		
其他日常活动所收到的现金		
现金流入小计		
政府机关商品和服务拨款所支付的现金		
政府机关工资福利拨款所支付的现金		
对事业单位补助拨款所支付的现金		
对企业补助拨款所支付的现金		
对个人和家庭补助拨款所支付的现金		
对社会保障基金补助拨款所支付的现金		
财政专户管理资金支出所支付的现金		
专用基金支出所支付的现金		
上下级政府财政资金往来支付的现金		
资本性拨款所支付的现金		
暂付性款项所支付的现金		
其他日常活动所支付的现金		
现金流出小计		
日常活动产生的现金流量净额		
二、投资活动产生的现金流量		
收回股权投资所收到的现金		
取得股权投资收益收到的现金		
收到其他与投资活动有关的现金		

（续表）

项目	本年金额	上年金额
现金流入小计		
取得股权投资所支出的现金		
支付其他与投资活动有关的现金		
现金流出小计		
投资活动产生的现金流量净额		
三、筹资活动产生的现金流量		
发行政府债券收到的现金		
借入款项收到的现金		
取得政府债券转贷款收到的现金		
取得主权外债转贷款收到的现金		
收回转贷款本金收到的现金		
收到下级上缴转贷款利息相关的现金		
其他筹资活动收到的现金		
现金流入小计		
转贷地方政府债券所支付的现金		
转贷主权外债所支付的现金		
支付债务本金相关的现金		
支付债务利息相关的现金		
其他筹资活动支付的现金		
现金流出小计		
筹资活动产生的现金流量净额		
四、汇率变动对现金的影响额		
五、现金净增加额		

注：行政区政府综合财务报告不编制本表。

4.财政总会计本年预算结余与盈余调节表

财政总会计本年预算结余与盈余调节表

年　　　　　　　　　　　　　单位：万元

项目	金额

本年预算结余（本年预算收入与支出差额）：

日常活动产生的差异：

加：1.当期确认为收入但没有确认为预算收入

　　　当期应收未缴库非税收入

减：2.当期确认为预算收入但没有确认为收入

　　　当期收到上期应收未缴库非税收入

　　3.当期确认为预算支出收回但没有确认为费用收回

　　　（1）当期收到退回以前年度已列支资金

　　　（2）当期将以前年度国库集中支付结余收回预算

投资活动产生的差异：

加：1.当期确认为收入但没有确认为预算收入

　　　（1）当期投资收益或损失

　　　（2）当期无偿划入股权投资

　　2.当期确认为预算支出但没有确认为费用

　　　（1）当期股权投资增支

　　　（2）当期股权投资减支

减：3.当期确认为预算收入但没有确认为收入

　　　（1）当期收到利润收入和股利股息收入

　　　（2）当期收到清算、处置股权投资的收入

　　4.当期确认为费用但没有确认为预算支出

　　　当期无偿划出股权投资费用

(续表)

项目	金额
筹资活动产生的差异：	
加：1. 当期确认为预算支出但没有确认为费用	
（1）当期转贷款支出	
（2）当期债务还本支出	
（3）拨付上年计提债务利息	
减：2. 当期确认为预算收入但没有确认为收入	
（1）当期债务收入	
（2）当期转贷款收入	
3. 当期确认为费用但没有确认为预算支出	
当期计提未拨付债务利息	
其他差异事项	
当期汇兑损益净额	
本年盈余（本年收入与费用的差额）	

注：该表通过加总各部门本年预算结余与盈余调节表生成。

5.应付工程款情况表

应付工程款情况表

单位：万元

核算科目	年初数	本年增加	本年减少	年末数
应付账款				
长期应付款				
其他应付款				
合计				

注：应付工程款按实际会计核算数据分析填列。

6. 行政事业单位资产负债汇总表

行政事业单位资产负债汇总表

年 月 日

单位：万元

项目	合计	行政单位	年末数					行政单位	年初数				
			事业单位				其他性质单位		事业单位				其他性质单位
			小计	医院	高等学校	科学事业单位	其他事业单位			小计	医院	高等学校	科学事业单位	其他事业单位	
资产总计														
流动资产														
货币资金														
短期投资														
…														
非流动资产														
长期股权投资														
长期债券投资														
…														
负债总计														

(续表)

项目	年末数								年初数							
	合计	行政单位	事业单位					其他性质单位	合计	行政单位	事业单位					其他性质单位
			小计	医院	高等学校	科学事业单位	其他事业单位				小计	医院	高等学校	科学事业单位	其他事业单位	
流动负债																
短期借款																
应交增值税																
…																
非流动负债																
长期借款																
长期应付款																
…																
净资产																

注：该表通过加总各单位资产负债表生成。

7. 行政事业单位收入费用汇总表

行政事业单位收入费用汇总表

　　　　年　　　　　　　　　　　　　　　　　　　　　　　单位：万元

项目	年末数							年初数						
	合计	行政单位	事业单位					其他性质单位	合计	行政单位	事业单位					其他性质单位
			小计	医院	高等学校	科学事业单位	其他事业单位				小计	医院	高等学校	科学事业单位	其他事业单位	
收入总计																
财政拨款收入																
事业收入																
…																
费用总计																
工资福利费用																
商品和服务费用																
…																
本年盈余																

注：该表通过加总各单位收入费用表生成。

8.行政事业单位本年预算结余与盈余调节表

行政事业单位本年预算结余与盈余调节表

年　　　　　　　　　　　　单位：万元

项目	金额
一、本年预算结余（本年预算收支差额）	—
二、差异调节	
（一）重要事项的差异	
加：1.当期确认为收入但没有确认为预算收入	
（1）应收款项、预收账款确认的收入	
（2）接受非货币性资产捐赠确认的收入	
2.当期确认为预算支出但没有确认为费用	
（1）支付应付款项、预付账款的支出	
（2）为取得存货、政府储备物资等计入物资成本的支出	
（3）为购建固定资产等的资本性支出	
（4）偿还借款本息支出	
减：1.当期确认为预算收入但没有确认为收入	
（1）收到应收款项、预收账款确认的预算收入	
（2）取得借款确认的预算收入	
2.当期确认为费用但没有确认为预算支出	
（1）发出存货、政府储备物资等确认的费用	
（2）计提的折旧费用和摊销费用	
（3）确认的资产处置费用（处置资产价值）	
（4）应付款项、预付账款确认的费用	
（二）其他事项差异	
三、本年盈余（本年收入与费用的差额）	

注：该表通过加总各单位本年预算结余与盈余调节表生成。

附2　本级政府综合会计报表重要项目明细表

（1）货币资金明细信息如下：

附表1

货币资金明细表

单位：万元

项目	年初数	年末数
库存现金		
国库存款		
国库现金管理资产		
其他财政存款		
银行存款		
其中：土地储备资金存款		
其他货币资金		
合计		

（2）应收及预付款项明细信息如下：

附表2

应收及预付款项明细表

单位：万元

主体	年初数	年末数
财政		
政府部门		
部门1		
部门2		
……		
其他		
合计		

注：1. 本表中的"财政"是指承担核算财政预算资金等职能的政府财政部门。"政府部门"是指纳入本级政府综合财务报告合并范围的部门。（下同）

2."其他"是指土地储备资金等资金主体。

3. 本表反映被合并主体抵销后的应收及预付款项金额。

（3）一年内到期的非流动资产明细信息如下：

附表 3

一年内到期的非流动资产明细表

单位：万元

主体	年初数	年末数
财政		
其中：应收地方政府债券转贷款（1 年内到期）		
应收主权外债转贷款（1 年内到期）		
政府部门		
合计		

（4）长期投资及投资收益明细表如下：

附表 4

长期投资及投资收益明细表

单位：万元

投资对象	长期投资				投资收益	
	年初数	本年增加	本年减少	年末数	上年数	本年数
股权投资						
对企业股权投资						
企业 1						
企业 2						
……						
其他企业						
对投资基金股权投资						
投资基金 1						
投资基金 2						
……						

（续表）

投资对象	长期投资				投资收益	
	年初数	本年增加	本年减少	年末数	上年数	本年数
对国际金融组织股权投资						
机构 1						
机构 2						
……						
债券投资						
合计						

注：1. 本表按照长期投资年末数从大到小排列。
  2. 对企业股权投资原则上列示前 50 家，超过部分合并填入其他企业。

（5）应收转贷款明细信息如下：

附表 5

应收转贷款明细表

单位：万元

转贷对象	年初数	年末数
应收地方政府债券转贷款		
地区 1		
地区 2		
……		
应收主权外债转贷款		
地区 1		
地区 2		
……		
合计		

注：1. 本表按照转贷对象列示明细。
  2. 本表仅包含本金金额。

（6）固定资产明细信息如下：

附表6

固定资产明细表

单位：万元

项目	年初数	本年增加	本年减少	年末数
原值合计				
房屋和构筑物				
设备				
文物和陈列品				
图书和档案				
家具和用具				
特种动植物				
累计折旧合计				
房屋和构筑物				
设备				
文物和陈列品	—	—	—	—
图书和档案	—	—	—	—
家具和用具				
特种动植物	—	—	—	—
净值合计		—	—	
房屋和构筑物		—	—	
设备		—	—	
文物和陈列品				
图书和档案				
家具和用具				
特种动植物		—	—	

（7）在建工程明细信息如下：

附表 7

在建工程明细表

单位：万元

主体	年初数	本年增加	本年减少	年末数
土地收储项目				
其他项目				
部门 1				
部门 2				
……				
合计				

注：土地收储项目年末数小于 1 万元的，需在此处说明原因及情况。

（8）无形资产明细信息如下：

附表 8

无形资产明细表

单位：万元

项目	年初数	本年增加	本年减少	年末数
原值合计				
专利权				
非专利技术				
著作权				
资源资质				
商标权				
信息数据				
其他				

（续表）

项目	年初数	本年增加	本年减少	年末数
累计摊销合计				
专利权				
非专利技术				
著作权				
资源资质				
商标权				
信息数据				
其他				
净值合计		—	—	
专利权		—	—	
非专利技术		—	—	
著作权		—	—	
资源资质		—	—	
商标权		—	—	
信息数据		—	—	
其他		—	—	

（9）公共基础设施明细信息如下：

附表9-1

公共基础设施明细表（原值）

单位：万元

项目	年初数	本年增加	本年减少	年末数
市政基础设施				
交通设施				

（续表）

项目	年初数	本年增加	本年减少	年末数
供排水设施				
能源设施				
环卫设施				
园林绿化设施				
综合类设施				
信息通信设施				
其他市政设施				
交通基础设施				
公路				
汽车客运站				
铁路				
机场				
航道				
沿海航海保障设施				
港口				
轮渡				
水利基础设施				
防洪（潮）工程				
治涝工程				
灌溉工程				
引调水工程				
农村供水工程				
水力发电工程				
水土保持工程				

（续表）

项目	年初数	本年增加	本年减少	年末数
水库工程				
水文基础设施				
其他公共基础设施				
原值合计				

附表 9-2

公共基础设施明细表（累计折旧/摊销）

单位：万元

项目	年初数	本年增加	本年减少	年末数
市政基础设施				
交通设施				
供排水设施				
能源设施				
环卫设施				
园林绿化设施				
综合类设施				
信息通信设施				
其他市政设施				
交通基础设施				
公路				
汽车客运站				
铁路				
机场				
航道				

政府综合财务报告编制操作指南

（续表）

项目	年初数	本年增加	本年减少	年末数
沿海航海保障设施				
港口				
轮渡				
水利基础设施				
防洪（潮）工程				
治涝工程				
灌溉工程				
引调水工程				
农村供水工程				
水力发电工程				
水土保持工程				
水库工程				
水文基础设施				
其他公共基础设施				
累计折旧（摊销）合计				

附表 9-3

公共基础设施明细表（净值）

单位：万元

项目	年初数	本年增加	本年减少	年末数
市政基础设施		—	—	
交通设施		—	—	
供排水设施		—	—	
能源设施		—	—	

| 137 |

（续表）

项目	年初数	本年增加	本年减少	年末数
环卫设施		—	—	
园林绿化设施		—	—	
综合类设施		—	—	
信息通信设施		—	—	
其他市政设施		—	—	
交通基础设施		—	—	
公路		—	—	
汽车客运站		—	—	
铁路		—	—	
机场		—	—	
航道		—	—	
沿海航海保障设施		—	—	
港口		—	—	
轮渡		—	—	
水利基础设施		—	—	
防洪（潮）工程		—	—	
治涝工程		—	—	
灌溉工程		—	—	
引调水工程		—	—	
农村供水工程		—	—	
水力发电工程		—	—	
水土保持工程		—	—	
水库工程		—	—	
水文基础设施		—	—	

（续表）

项目	年初数	本年增加	本年减少	年末数
其他公共基础设施		—	—	
净值合计		—	—	

注：公共基础设施净值合计小于 1 万元的，需在此处说明原因及情况。

（10）政府储备物资明细信息如下：

附表 10-1

政府储备物资明细表

单位：万元

主体	年初数	本年增加	本年减少	年末数
部门 1				
部门 2				
……				
合计				

注：本表按照政府储备资产持有部门列示明细。

附表 10-2

政府储备物资明细表

单位：万元

项目	年初数	本年增加	本年减少	年末数
粮食等农产品和农资储备				
其中：粮食				
棉花				
食糖				
肉类				
能源储备				

（续表）

项目	年初数	本年增加	本年减少	年末数
矿产品原材料储备				
应急专用物资储备				
其中：应急抢险救灾物资				
医药				
合计				

注：本表按照政府储备物资种类列示明细。

（11）保障性住房明细信息如下：

附表 11

保障性住房明细表

单位：万元

项目	年初数	本年增加	本年减少	年末数
原值合计				
公租房				
经济适用房				
保障性租赁住房				
共有产权住房				
累计折旧合计				
公租房				
经济适用房				
保障性租赁住房				
共有产权住房				
净值合计		—	—	
公租房		—	—	

（续表）

项目	年初数	本年增加	本年减少	年末数
经济适用房		—	—	
保障性租赁住房		—	—	
共有产权住房		—	—	

注：保障性住房净值合计小于1万元的，需在此处说明原因及情况。

（12）应付及预收款项明细信息如下：

附表12

应付及预收款项明细表

单位：万元

主体	年初数	年末数
财政		
政府部门		
部门1		
部门2		
其他		
合计		

注：1."其他"是指土地储备资金等资金主体。
　　2.本表反映被合并主体抵销后的应付及预收款项金额。

（13）一年内到期的非流动负债明细信息如下：

附表13

一年内到期的非流动负债明细表

单位：万元

主体	年初数	年末数
财政		

（续表）

主体	年初数	年末数
其中：应付长期政府债券（1年内到期）		
应付地方政府债券转贷款（1年内到期）		
长期借款（1年内到期）		
应付主权外债转贷款（1年内到期）		
政府部门		
合计		

（14）应付长期政府债券明细信息如下：

附表14-1

应付长期政府债券明细表

单位：万元

种类	年初数	年末数
国债		
地方政府一般债券		
地方政府专项债券		
合计		

注：本表按照长期政府债券种类列示明细。

附表14-2

应付长期政府债券明细表

单位：万元

到期期限	年初数	年末数
1～3年（不含1年）		
3～10年（不含3年）		
10年以上（不含10年）		
合计		

注：本表按照长期政府债券到期期限列示明细。

（15）应付转贷款明细信息如下：

附表 15-1

应付转贷款明细表

单位：万元

种类	年初数	年末数
应付地方政府债券转贷款		
其中：地方政府一般债券		
地方政府专项债券		
应付主权外债转贷款		
合计		

注：1. 本表按照应付转贷款种类列示明细。
    2. 本表仅列示本金金额。

附表 15-2

应付转贷款明细表

单位：万元

到期期限	年初数	年末数
1～3年（不含1年）		
3～10年（不含3年）		
10年以上（不含10年）		
合计		

注：本表按照应付转贷款到期期限列示。

（16）长期借款明细信息如下：

附表 16-1

长期借款明细表

单位：万元

债务人	年初数	年末数
财政		

（续表）

债务人	年初数	年末数
政府部门		
部门 1		
部门 2		
……		
其他		
合计		

注：本表按照债务人列示明细，并按长期借款年末数从大到小排列。

附表 16-2

长期借款明细表

单位：万元

债权人	年初数	年末数
机构 1		
机构 2		
……		
其他机构		
合计		

注：1. 本表按照债权人列示明细，并按长期借款年末数从大到小排列。
    2. 本表债权人原则上列示前 50 家，超过部分合并填入其他机构。

附表 16-3

长期借款明细表

单位：万元

到期期限	年初数	年末数
1～3 年（不含 1 年）		
3～10 年（不含 3 年）		
10 年以上（不含 10 年）		
合计		

注：本表按照长期借款到期期限列示明细。

（17）政府间转移性收入明细信息如下：

附表 17

政府间转移性收入明细表

单位：万元

来源	上年数	本年数
上级政府财政		
下级政府财政		
地区 1		
地区 2		
……		
其他		
合计		

注：本表按照政府间转移性收入来源主体列示明细。

（18）政府间转移性费用明细信息如下：

附表 18

政府间转移性费用明细表

单位：万元

对象	上年数	本年数
上级政府财政		
下级政府财政		
地区 1		
地区 2		
……		
其他		
合计		

注：本表按照政府间转移性费用对象列示明细。

附3 行政区政府综合会计报表重要项目明细表

（1）货币资金明细表（同本级货币资金明细表）。

（2）应收及预付款项明细信息如下：

表2

应收及预付款项明细表

单位：万元

主体	年初数	年末数
财政		
地区1		
地区2		
……		
政府部门		
地区1		
地区2		
……		
其他		
合计		

注：本表反映被合并主体抵销后的应收及预付款项金额。

（3）一年内到期的非流动资产明细信息如下：

表3

一年内到期的非流动资产明细表

单位：万元

主体	年初数	年末数
财政		
其中：应收地方政府债券转贷款（1年内到期）		
地区1		
地区2		

（续表）

主体	年初数	年末数
……		
应收主权外债转贷款（1年内到期）		
地区1		
地区2		
……		
政府部门		
地区1		
地区2		
……		
合计		

（4）长期投资及投资收益明细表如下：

表4

长期投资及投资收益明细表

单位：万元

投资对象	长期投资				投资收益	
	年初数	本年增加	本年减少	年末数	上年数	本年数
股权投资						
对企业股权投资						
地区1						
地区2						
……						
对投资基金股权投资						

（续表）

投资对象	长期投资				投资收益	
	年初数	本年增加	本年减少	年末数	上年数	本年数
地区1						
地区2						
……						
对国际金融组织股权投资						
地区1						
地区2						
……						
债券投资						
合计						

（5）固定资产明细表（同本级固定资产明细表）。

（6）在建工程明细信息如下：

表6

在建工程明细表

单位：万元

主体	年初数	本年增加	本年减少	年末数
土地收储项目				
地区1				
地区2				
……				
其他项目				
地区1				
地区2				
……				
合计				

（7）无形资产明细表（同本级无形资产明细表）。

（8）公共基础设施明细表（同本级公共基础设施明细表）。

（9）政府储备物资明细表（同本级政府储备物资明细表 10-2）。

（10）保障性住房明细表（同本级保障性住房明细表）。

（11）应付及预收款项明细信息如下：

表 11

应付及预收款项明细表

单位：万元

主体	年初数	年末数
财政		
地区 1		
地区 2		
……		
政府部门		
地区 1		
地区 2		
……		
其他		
合计		

注：本表中的"地区"是指编报政府综合财务报告的各级政府。本表按合并地区分别列示。

（12）一年内到期的非流动负债明细信息如下：

表 12

一年内到期的非流动负债明细表

单位：万元

主体	年初数	年末数
财政		
其中：应付长期政府债券（1 年内到期）		
地区 1		
地区 2		
……		
应付地方政府债券转贷款（1 年内到期）		

（续表）

主体	年初数	年末数
地区1		
地区2		
……		
长期借款（1年内到期）		
地区1		
地区2		
……		
应付主权外债转贷款（1年内到期）		
地区1		
地区2		
……		
政府部门		
地区1		
地区2		
……		
合计		

（13）应付长期政府债券明细表（同本级应付长期政府债券明细表）。

（14）应付转贷款明细表（同本级应付转贷款明细表）。

（15）长期借款明细信息如下：

表15-1

长期借款明细表

单位：万元

债务人	年初数	年末数
财政		
政府部门		
其他		
合计		

注："其他"是指土地储备资金等资金主体。

表 15-2

长期借款明细表

单位：万元

到期期限	年初数	年末数
1～3年（不含1年）		
3～10年（不含3年）		
10年以上（不含10年）		
合计		

注：本表按照长期借款到期期限列示明细。

（16）政府间转移性收入明细信息如下：

表 16

政府间转移性收入明细表

单位：万元

来源	上年数	本年数
上级政府财政		
下级政府财政		
其他		
合计		

（17）政府间转移性费用明细信息如下：

表 17

政府间转移性费用明细表

单位：万元

对象	上年数	本年数
上级政府财政		
下级政府财政		
其他		
合计		

附 4-1

本级汇总工作表

单位：万元

政府综合会计报表项目	包括抵销调整后合计	包括抵销后合计	原有金额合计	被合并主体报表项目			备注	调整分录		抵销分录	
				政府部门财务报表项目	财政总会计报表项目	土地储备资金财务报表项目		借方	贷方	借方	贷方

一、资产类

政府综合会计报表项目	包括抵销调整后合计	包括抵销后合计	原有金额合计	政府部门财务报表项目	财政总会计报表项目	土地储备资金财务报表项目	备注	借方	贷方	借方	贷方
货币资金				货币资金	国库存款	库存现金					
					国库现金管理资产	银行存款	8. 财政代管预算单位资金，单位通过"银行存款"核算的，将应付代管资金与部门的银行存款进行抵销				贷：银行存款
					其他财政存款						
短期投资				短期投资	有价证券						
应收非税收入					应收非税收入						

应收及预付款项	应收票据	在途款	预付工程款	1.抵销政府部门之间的债权债务事项；同时对当期补提或冲减坏账准备的予以抵销	贷：应收票据、应收账款、预付账款
	预付工程款				
	预付账款	与下级往来			借：应收账款净额——坏账准备、其他应收款净额——坏账准备
	其他应收款净额	其他应收款	其他应收款	8.财政代管预算单位资金通过"其他应收款"核算的，将财政代管资金与部门的其他应收款进行抵销	贷：其他应收款
	财政应返还额度	财政应返还额度	财政应返还额度	3.抵销财政部门之间的往来事项	贷：财政应返还额度
		借出款项		6.将财政的借出款与部门的其他应付款科目进行抵销	贷：借出款项
		预拨经费		7.将财政的预拨经费与部门的其他应付款进行抵销	贷：预拨经费
应收股利	应收股利	应收股利			
应收利息	应收利息	应收利息	应收利息		
存货		存货			

（续表）

政府综合会计报表项目	包括抵销调整后合计	包括抵销后合计	原有金额合计	被合并主体报表项目			备注	调整分录		抵销分录	
				政府部门财务报表项目	财政总会计报表项目	土地储备资金财务报表项目		借方	贷方	借方	贷方
一年内到期非流动资产				一年内到期的非流动资产	一年内到期的非流动资产						
其他流动资产				待摊费用		待摊支出					
				其他流动资产							
长期投资				长期债券投资	股权投资						
应收转贷款					应收地方政府债券转贷款（剔除1年内到期的部分） 应收主权外债转贷款（剔除1年内到期的部分）						
固定资产净值				固定资产净值							
在建工程				工程物资 在建工程		收储项目					

无形资产净值									
研发支出									
公共基础设施净值									
政府储备物资									
文物文化资产									
保障性住房净值									
长期待摊费用									
待处理财产损溢									
其他非流动资产									
受托代理资产									
资产合计									
二、负债类									
应付短期政府债券									
短期借款									
应付职工薪酬									

（续表）

政府综合会计报表项目	包括抵销调整后合计	包括抵销后合计	原有金额合计	被合并主体报表项目			备注	调整分录		抵销分录	
				政府部门财务报表项目	财政总会计报表项目	土地储备资金财务报表项目		借方	贷方	借方	贷方
应付及预收款项				应付票据	与上级往来	应付工程款	1. 抵销政府部门之间的债权债务事项			借：应付票据、应付账款、预收账款、其他应收款、长期应付款	
				应付账款	其他应付款						
				预收账款							
				其他应付款		其他应付款	6. 将财政的借出款项与部门的其他应付款科目进行抵销			借：其他应付款	
							7. 将财政的预拨经费与部门的其他应付款进行抵销				
					应付国库集中支付结余		3. 将财政的应付国库集中支付结余与土地储备资金的财政应返还额度进行抵销			借：应付国库集中支付结余	

项目	明细			调整说明	会计分录
应付及预收款项	应付代管资金			8. 财政代管预算单位通过"银行存款"核算的,将应管资金与银行存款进行抵销	借:应付代管资金
				8. 财政代管资金单位通过"其他应收款"核算的,将应管资金与其他应收款进行抵销	借:应付代管资金
应付政府补贴款	应付政府补贴款				
应付利息	应付利息				
一年内到期的非流动负债	一年内到期的非流动负债				
其他流动负债	应交税费	应交增值税			
		其他应交税费			
	应缴财政款				
	预提费用				
	其他流动负债				

（续表）

政府综合会计报表项目	包括抵销调整后合计	包括抵销后合计	原有金额合计	被合并主体报表项目			备注	调整分录		抵销分录	
				政府部门财务报表项目	财政总会计报表项目	土地储备资金财务报表项目		借方	贷方	借方	贷方
应付长期政府债券					应付长期政府债券						
应付转贷款					应付地方政府债券转贷款 应付主权外债转贷款						
长期借款				长期借款	借入款项	长期借款					
长期应付款				长期应付款							
其他非流动负债				预计负债 其他非流动负债	其他负债						
受托代理负债				受托代理负债							
负债合计											
三、净资产											
净资产				净资产	累计盈余	土地储备资金					

| 158 |

净资产	预算稳定调节基金		
	预算周转金		
	权益法调整	12.根据调整分录中收入费用调整总额与费用调整总额的差额,调整净资产项目	借:净资产
负债及净资产合计			
四、收入类			
税收收入	税收收入		
非税收入	非税收入		
事业收入	财政专户管理资金收入	5.将部门的事业收入与财政专户管理资金支出进行抵销	借:事业收入(财政专户管理资金)
	事业收入	2.抵销政府部门之间的收入费用事项	借:事业收入(来自同级政府部门)
经营收入	经营收入	2.抵销政府部门之间的收入费用事项	借:经营收入(来自同级政府部门)

（续表）

政府综合会计报表项目	包括抵销调整后合计	包括抵销后合计	原有金额合计	被合并主体报表项目			备注	调整分录		抵销分录	
				政府部门财务报表项目	财政总会计报表项目	土地储备资金财务报表项目		借方	贷方	借方	贷方
投资收益				投资收益	投资收益						
政府间转移性收入				上级补助收入	补助收入						
				非同级财政拨款收入（非同级政府部门）以及非同级财政	地区间援助收入						
				非同级财政拨款收入（同级政府部门）	上解收入		2.抵销政府部门之间的收入费用事项			借：非同级财政拨款收入（来自同级政府部门）	
其他收入				附属单位上缴收入							
				捐赠收入							
				利息收入							
				租金收入			2.抵销政府部门之间的收入费用事项			借：租金收入（来自同级政府部门）	

其他收入	其他收入		其他收入	2.抵销政府部门之间的收入费用事项	借:其他收入(来自同级政府部门)		
		专用基金收入		9.将财政费用安排的专用基金收入与相应的费用进行抵销	借:专用基金收入		
待调整抵销项目	财政拨款收入		财政拨款收入	4.将部门、土地储备资金的财政拨款收入与拨款相关的费用进行抵销	借:财政拨款收入		
收入合计							
五、费用类							
工资福利费用	工资福利费用	政府机关工资福利拨款费用		4.将部门、土地储备资金的财政拨款收入与拨款相关的费用进行抵销		贷:政府机关工资福利拨款费用	
				11.将对企业下属事业单位和非同级政府单位等的补助拨款费用调整计入相应的费用报表项目	借:工资福利费用		

| 161 |

（续表）

政府综合会计报表项目	包括抵销调整后合计	包括抵销后合计	原有金额合计	被合并主体报表项目				备注	调整分录		抵销分录	
				政府部门财务报表项目	财政总会计报表项目	土地储备资金财务报表项目			借方	贷方	借方	贷方
商品和服务费用				商品和服务费用				2. 抵销政府部门之间的收入费用事项				贷：商品和服务费用（支付给政府部门）
								10. 将财政支出的专用基金计入调整收入与费用相应报表项目	借：商品和服务费用			
					政府机关商品和服务拨款费用			4. 将部门、土地储备资金收入与财政拨款的相关进行抵销				贷：政府机关商品和服务拨款费用
								9. 将财政专用基金收入安排的费用与相应的费用收入进行抵销				贷：政府机关商品和服务拨款费用
								11. 将对企业下属事业单位和非同级政府事业单位等的补助调整计入费用的相应报表项目	借：商品和服务费用			

				对个人和家庭的补助费用	贷：对个人和家庭补助拨款费用
				对个人和家庭的补助费用	贷：对个人和家庭补助拨款费用
			借：对个人和家庭的补助费用		
对个人和家庭补助费用	对个人和家庭的补助费用			4.将部门、土地储备资金收入拨款的相关财政费用进行抵销	
				9.将财政费用安排的专用基金收入与财政费用相应进行抵销	
			10.将财政支出调整计入的专用基金支出与对个人和家庭的补助费用相应报表项目		
对企业补助款费用	对企业补助费用			4.将部门、土地储备资金收入拨款的相关财政费用进行抵销	贷：对企业补助款费用
				9.将财政费用安排的专用基金收入与财政费用相应进行抵销	贷：对企业补助费用

（续表）

政府综合会计报表项目	包括抵销调整后合计	包括抵销后合计	原有金额合计	被合并主体报表项目			备注	调整分录		抵销分录	
				政府部门财务报表项目	财政总会计报表项目	土地储备资金财务报表项目		借方	贷方	借方	贷方
对企业补助费用					对企业补助拨款费用		10.将财政支出调整用基金相应计入报表项目	借：对企业补助费用			
对社会保障基金补助费用					对社会保障基金补助拨款费用						
政府间转移性费用				上缴上级费用	补助费用 上解费用 地区间援助费用						
固定资产折旧费用				固定资产折旧费用							
无形资产摊销费用				无形资产摊销费用							
公共基础设施折旧（摊销）费用				公共基础设施折旧（摊销）费用							

保障性住房折旧费用	保障性住房折旧费用			
资产处置费用	资产处置费用	交付项目支出		
财务费用	其他费用（利息费用）	财务费用		
	其他费用（除利息费用）	其他费用	1. 抵销政府部门之间的债权债务事项；同时对当期补提或冲减坏账准备的予以抵销	贷：其他费用
			2. 抵销政府部门之间的收入费用事项	
其他费用	计提专用基金	资本性拨款费用	4. 将部门、土地储备资金收入与财政拨款的相关财政拨款费用进行抵销	贷：资本性拨款费用
		其他拨款费用	4. 将部门、土地储备资金收入与财政拨款的相关财政拨款费用进行抵销	贷：其他拨款费用

(续表)

政府综合会计报表项目	包括抵销调整后合计	包括抵销后合计	原有金额合计	被合并主体报表项目			备注	调整分录		抵销分录	
				政府部门财务报表项目	财政总会计报表项目	土地储备资金财务报表项目		借方	贷方	借方	贷方
其他费用				所得税费用							
				对附属单位补助费用			11.将对企业下属事业单位和非同级政府事业单位等的补助拨款费用调整计入报表项目的费用	借：其他费用			
					对事业单位补助拨款费用		4.将部门、土地储备资金的财政拨款收入与财政拨款费用相关拨款进行抵销				
待调整抵销事项							11.将对企业下属事业单位和非同级政府事业单位等的补助拨款费用调整计入报表项目的费用		贷：对事业单位补助拨款费用		贷：对事业单位补助拨款费用

待调整抵销事项				
财政专户管理资金支出	5.将财政的财政专户管理资金支出与部门事业收入进行抵销		贷：财政专户管理资金支出	
专用基金支出	10.将财政支出的专用基金支出调整计入相应的费用报表项目	贷：专用基金支出		
费用合计				
六、盈余类				
原有收支差额				
抵销后的收支差额				
本年盈余				

附 4-2

行政区汇总工作表

单位：万元

行政区政府综合会计报表项目	原有金额合计	被合并政府报表金额			抵销事项	抵销分录		抵销后金额合计
		地区1	地区2	…		借项	贷项	
一、资产类								
流动资产								
货币资金								
短期投资								
应收非税收入					1. 抵销上下级政府财政之间发生的往来事项		贷：应收及预付款项	
应收及预付款项					2. 抵销非同级政府部门之间的债权债务事项			
应收股利								
应收利息					3. 抵销上下级政府财政之间发生的转贷款利息		贷：应收利息	
存货								

		2. 抵销上下级政府财政之间发生的转贷款本金	贷：一年内到期的非流动资产						
一年内到期的非流动资产									
其他流动资产									
非流动资产									
长期投资									
应收转贷款		2. 抵销上下级政府财政之间发生的转贷款本金	贷：应收转贷款						
固定资产净值									
在建工程									
无形资产净值									
研发支出									
公共基础设施净值									
政府储备物资									
文物文化资产									
保障性住房净值									
其他非流动资产									
受托代理资产									
资产合计									

（续表）

行政区政府综合会计报表项目	原有金额合计	被合并政府报表项目金额			抵销事项	抵销分录		抵销后金额合计
		地区1	地区2	…		借项	贷项	
二、负债类								
流动负债								
应付短期政府债券								
短期借款								
应付职工薪酬								
应付及预收款项					1. 抵销上下级政府财政之间发生的往来事项	借：应付及预收款项		
应付政府补贴款					7. 抵销非同级政府部门之间的债权债务事项			
应付利息					3. 抵销上下级政府财政之间的转贷款利息	借：应付利息		
一年内到期的非流动负债					2. 抵销上下级政府财政之间发生的转贷款本金	借：一年内到期的非流动负债		
其他流动负债								
非流动负债								

应付长期政府债券							
应付转贷款	借：应付转贷款	2.抵销上下级政府财政之间发生的转贷款本金					
长期借款							
长期应付款							
其他非流动负债							
受托代理负债							
负债合计							
三、净资产类							
净资产							
四、收入类							
税收收入							
非税收入							
事业收入	借：事业收入	8.抵销非同级政府部门之间的收入费用					
经营收入	借：经营收入	8.抵销非同级政府部门之间的收入费用					
投资收益							

（续表）

行政区政府综合会计报表项目	原有金额合计	被合并政府报表项目金额			抵销事项	抵销分录		抵销后金额合计
		地区1	地区2	…		借项	贷项	
政府间转移性收入					4. 抵销上下级政府财政之间的补助收支和上解收支	借：政府间转移性收入		
					5. 抵销不同政府财政之间的援助收支			
					6. 抵销政府部门与非同级政府财政之间发生的收入			
					8. 抵销非同级政府部门之间的收入费用			
其他收入					8. 抵销非同级政府部门之间的收入费用	借：其他收入		
收入合计								
五、费用类								
工资福利费用								
商品和服务费用					6. 抵销政府部门与非同级政府财政之间发生的收入费用		贷：商品和服务费用	
					8. 抵销非同级政府部门之间的收入费用			
对个人和家庭的补助费用								

项目		调整分录		
对企业补助费用				
对社会保障基金补助费用				
政府间转移性费用		4. 抵销上下级政府财政之间的补助收支和上解收支 5. 抵销不同政府财政之间的援助收支	贷：政府间转移性费用	
固定资产折旧费用				
无形资产摊销费用				
公共基础设施折旧（摊销）费用				
保障性住房折旧费用				
资产处置费用				
财务费用				
其他费用		8. 抵销非同级政府部门之间的收入费用 6. 抵销政府部门与非同级政府财政之间发生的收入费用	贷：其他费用	
费用合计				
六、本年盈余				
本年盈余				

附 5-1

政府部门会计报表项目对照表

政府综合会计报表项目	政府部门会计报表项目	项目说明
一、资产类		
货币资金	货币资金	财政代管预算单位资金，单位通过"银行存款"核算的，与财政的"应付代管资金"进行抵销。
短期投资	短期投资	
应收非税收入	—	
应收及预付款项	应收票据	部门之间抵销事项。与同级政府部门应付票据、应付账款、预收账款、其他应付款、长期应付款进行抵销。
	应收账款净额	
	预付账款	
	其他应收款净额	财政代管预算单位资金，单位通过"其他应收款"核算的，与财政的"应付代管资金"进行抵销。
	财政应返还额度	财政与部门之间抵销事项。与财政的"应付国库集中支付结余"进行抵销。
应收股利	应收股利	
应收利息	应收利息	
存货	存货	
一年内到期的非流动资产	一年内到期的非流动资产	
其他流动资产	待摊费用	
	其他流动资产	
长期投资	长期股权投资	
	长期债券投资	
应收转贷款	—	

（续表）

政府综合会计报表项目	政府部门会计报表项目	项目说明
固定资产净值	固定资产净值	
在建工程	工程物资	
	在建工程	
无形资产净值	无形资产净值	
研发支出	研发支出	
公共基础设施净值	公共基础设施净值	
政府储备物资	政府储备物资	
文物文化资产	文物文化资产	
保障性住房净值	保障性住房净值	
其他非流动资产	长期待摊费用	
	待处理财产损溢	
	其他非流动资产	
受托代理资产	受托代理资产	
二、负债类		
应付短期政府债券	—	
短期借款	短期借款	
应付职工薪酬	应付职工薪酬	
应付及预收款项	应付票据	部门之间抵销事项。与同级政府部门应收票据、应收账款、预付账款、其他应收款进行抵销。
	应付账款	
	预收账款	
	其他应付款	财政与部门之间抵销事项。与财政的"借出款项"进行抵销。
应付政府补贴款	应付政府补贴款	
应付利息	应付利息	

（续表）

政府综合会计报表项目	政府部门会计报表项目	项目说明
一年内到期的非流动负债	一年内到期的非流动负债	
其他流动负债	应交增值税	
	其他应交税费	
	应缴财政款	
	预提费用	
	其他流动负债	
应付长期政府债券	—	
应付转贷款	—	
长期借款	长期借款	
长期应付款	长期应付款	部门之间抵销事项。与同级政府部门应收账款、预付账款、其他应收款进行抵销。
其他非流动负债	预计负债	
	其他非流动负债	
受托代理负债	受托代理负债	
三、净资产类		
净资产	净资产	
四、收入类		
税收收入	—	
非税收入	—	
事业收入	事业收入	财政与部门之间抵销事项。与财政专户管理资金支出进行抵销。
		部门之间抵销事项。与支付给同级政府部门的商品和服务费用、其他费用进行抵销。

（续表）

政府综合会计报表项目	政府部门会计报表项目	项目说明
经营收入	经营收入	部门之间抵销事项。与支付给同级政府部门的商品和服务费用、其他费用进行抵销。
投资收益	投资收益	
政府间转移性收入	上级补助收入	
	非同级财政拨款收入	政府部门本期从上级或下级政府（包括政府财政和政府部门）取得的各类财政款。
其他收入	附属单位上缴收入	未抵销完的附属单位上缴收入。
	非同级财政拨款收入	部门之间抵销事项。与支付给同级政府部门的横向转拨财政款进行抵销。
	捐赠收入	
	利息收入	
	租金收入	部门之间抵销事项。与支付给同级政府部门的商品和服务费用、其他费用抵销。
	其他收入	部门之间抵销事项。与支付给同级政府部门的商品和服务费用、其他费用抵销。
待抵销调整项目	财政拨款收入	财政与部门之间抵销事项。与财政的政府机关工资福利拨款费用、政府机关商品和服务拨款费用等相关拨款费用进行抵销。
五、费用类		
工资福利费用	工资福利费用	

（续表）

政府综合会计报表项目	政府部门会计报表项目	项目说明
商品和服务费用	商品和服务费用	部门之间抵销事项。与来自同级政府部门的事业收入、其他收入和经营收入进行抵销。
对个人和家庭的补助费用	对个人和家庭的补助费用	
对企业补助费用	对企业补助费用	
对社会保障基金补助费用	—	
政府间转移性费用	上缴上级费用	
固定资产折旧费用	固定资产折旧费用	
无形资产摊销费用	无形资产摊销费用	
公共基础设施折旧（摊销）费用	公共基础设施折旧（摊销）费用	
保障性住房折旧费用	保障性住房折旧费用	
资产处置费用	资产处置费用	
财务费用	其他费用中的利息费用	
其他费用	计提专用基金	
	所得税费用	
	对附属单位补助费用	未抵销完的对附属单位补助费用。
	其他费用中扣除利息费用的部分	

附 5-2

财政总会计报表项目对照表

政府综合会计报表项目	财政总会计报表项目	项目说明
一、资产类		
货币资金	国库存款	
	其他财政存款	
	国库现金管理资产	
短期投资	有价证券	
应收非税收入	应收非税收入	
应收及预付款项	在途款	
	其他应收款	
	与下级往来	"与下级往来"科目所属明细科目期末为贷方余额的,应填入政府综合会计报表的"应付及预收款项"。
	借出款项	财政与部门之间抵销事项。与部门其他应付款科目进行抵销。
	预拨经费	财政与部门之间抵销事项。与部门其他应付款科目进行抵销。
应收股利	应收股利	
应收利息	应收利息	
存货	—	
一年内到期的非流动资产	一年内到期的非流动资产	
其他流动资产	—	
长期投资	股权投资	
应收转贷款	应收地方政府债券转贷款(剔除1年内到期部分)	

（续表）

政府综合会计报表项目	财政总会计报表项目	项目说明
应收转贷款	应收主权外债转贷款（剔除1年内到期部分）	
固定资产净值	—	
在建工程	—	
无形资产净值	—	
研发支出	—	
公共基础设施净值	—	
政府储备物资	—	
文物文化资产	—	
保障性住房净值	—	
其他非流动资产	—	
受托代理资产	—	
二、负债类		
应付短期政府债券	应付短期政府债券	
短期借款	—	
应付职工薪酬	—	
应付及预收款项	与上级往来	"与上级往来"科目所属明细科目期末为借方余额的，应填入政府综合会计报表的"应收及预付款项"。
	其他应付款	
	应付国库集中支付结余	财政与部门之间抵销事项。与部门的财政应返还额度进行抵销。
	应付代管资金	财政与部门之间抵销事项。财政代管预算单位资金，单位通过"其他应收款"核算的，与部门的其他应收款进行抵销。

（续表）

政府综合会计报表项目	财政总会计报表项目	项目说明
应付及预收款项	应付代管资金	财政与部门之间抵销事项。财政代管预算单位资金，单位通过"银行存款"核算的，与部门的银行存款进行抵销。
应付政府补贴款	—	
应付利息	应付利息	
一年内到期的非流动负债	一年内到期的非流动负债	
其他流动负债	—	
应付长期政府债券	应付长期政府债券（剔除1年内到期部分）	
应付转贷款	应付地方政府债券转贷款（剔除1年内到期部分）	
应付转贷款	应付主权外债转贷款（剔除1年内到期部分）	
长期借款	借入款项（剔除1年内到期部分）	
长期应付款	—	
其他非流动负债	其他负债	
受托代理负债	—	
三、净资产类		
净资产	累计盈余	
	预算稳定调节基金	
	预算周转金	
	权益法调整	
四、收入类		
税收收入	税收收入	
非税收入	非税收入	

（续表）

政府综合会计报表项目	财政总会计报表项目	项目说明
事业收入	财政专户管理资金收入	
经营收入	—	
投资收益	投资收益	
其他收入	其他收入	
	专用基金收入	财政内部抵销事项。将财政的费用安排取得的专用基金收入与相应的费用进行抵销。未抵销的收入计入其他收入。
政府间转移性收入	补助收入	
	上解收入	
	地区间援助收入	
待抵销调整项目	—	
五、费用类		
工资福利费用	政府机关工资福利拨款费用	财政与部门之间抵销事项。与部门的财政拨款收入进行抵销。未抵销的费用计入工资福利费用。
商品和服务费用	政府机关商品和服务拨款费用	财政与部门之间抵销事项。与部门的财政拨款收入进行抵销。未抵销的费用计入商品和服务费用。
对个人和家庭的补助费用	对个人和家庭补助拨款费用	财政与部门之间抵销事项。与部门的财政拨款收入进行抵销。未抵销的费用计入对个人和家庭的补助费用。
对企业补助费用	对企业补助拨款费用	财政与部门之间抵销事项。与部门的财政拨款收入进行抵销。未抵销的费用计入对企业补助费用。
对社会保障基金补助费用	对社会保障基金补助拨款费用	

（续表）

政府综合会计报表项目	财政总会计报表项目	项目说明
政府间转移性费用	补助费用	
	上解费用	
	地区间援助费用	
固定资产折旧费用	—	
无形资产摊销费用	—	
公共基础设施折旧（摊销）费用	—	
保障性住房折旧费用	—	
资产处置费用	—	
财务费用	财务费用	
其他费用	其他费用	
	资本性拨款费用	财政与部门之间抵销事项。与部门的财政拨款收入进行抵销。未抵销的费用计入其他费用。
	其他拨款费用	财政与部门之间抵销事项。与部门的财政拨款收入进行抵销。未抵销的费用计入其他费用。
待抵销调整项目	对事业单位补助拨款费用	财政与部门之间抵销事项。与部门的财政拨款收入进行抵销。未抵销的费用分析调整计入相关费用报表项目。
待抵销调整项目	财政专户管理资金支出	财政与部门之间抵销事项。与部门的事业收入（财政专户管理资金）进行抵销。未抵销的费用计入其他费用。
	专用基金支出	财政内部调整事项。将财政的专用基金支出调整计入相应的费用报表项目。

附 5-3

土地储备资金财务报表项目对照表

政府综合会计报表项目	土地储备资金财务报表项目	项目说明
一、资产类		
货币资金	库存现金	
	银行存款	
短期投资	—	
应收非税收入	—	
应收及预付款项	预付工程款	
	其他应收款	
	财政应返还额度	财政与部门之间抵销事项，与财政的"应付国库集中支付结余"进行抵销。
应收股利	—	
应收利息	应收利息	
存货	—	
一年内到期的非流动资产	—	
其他流动资产	待摊支出	
长期投资	—	
应收转贷款	—	
固定资产净值		
在建工程	收储项目	
无形资产净值		
研发支出		
公共基础设施净值		
政府储备物资		
文物文化资产		

（续表）

政府综合会计报表项目	土地储备资金财务报表项目	项目说明
保障性住房净值	—	
其他非流动资产		
受托代理资产		
二、负债类		
应付短期政府债券	—	
短期借款	短期借款	
应付职工薪酬	—	
应付及预收款项	应付工程款	
	其他应付款	
应付政府补贴款		
应付利息	应付利息	
一年内到期的非流动负债	—	
其他流动负债	应交税费	期末为借方余额的，以"—"号填列。
应付长期政府债券	—	
应付转贷款		
长期借款	长期借款	
长期应付款		
其他非流动负债		
受托代理负债		
三、净资产类		
净资产	土地储备资金	
四、收入类		
税收收入	—	
非税收入	—	

（续表）

政府综合会计报表项目	土地储备资金财务报表项目	项目说明
事业收入	—	
经营收入	—	
投资收益	—	
政府间转移性收入	—	
其他收入	其他收入	
待抵销调整项目	财政拨款收入	财政与部门之间抵销事项，与财政的政府机关商品和服务拨款费用、其他费用等相关费用进行抵销。
五、费用类		
工资和福利费用	—	
商品和服务费用	—	
对个人和家庭的补助费用	—	
对企业补助费用	—	
对社会保障基金补助费用	—	
政府间转移性费用	—	
固定资产折旧费用	—	
无形资产摊销费用	—	
公共基础设施折旧（摊销）费用	—	
保障性住房折旧费用	—	
资产处置费用	交付项目支出	
财务费用	—	
其他费用	—	

附 6-1

本级抵销调整事项清单

序号	事项说明	分录	事项分类
1-1	抵销政府部门之间的债权债务事项。	借：应付票据/应付账款/预收账款/其他应付款/长期应付款 贷：应收票据/应收账款/预付账款/其他应收款	部门之间抵销事项
1-2	部门之间发生的债权债务事项，债权方已计提坏账准备的，应予以抵销。其中，以前年度计提的贷记"累计盈余"、当期补提或冲减的贷记"其他费用"。	借：应收账款净额——坏账准备/其他应收款净额——坏账准备 贷：其他费用 　　累计盈余	部门之间抵销事项
2	抵销政府部门之间的收入费用事项。对增值税应税业务，按扣除增值税后的净额抵销。	借：事业收入/非同级财政拨款收入/经营收入/租金收入/其他收入 贷：商品和服务费用/其他费用	部门之间抵销事项
3	抵销财政与部门、土地储备资金之间的往来事项。	借：应付国库集中支付结余 贷：财政应返还额度	财政与部门及相关资金主体之间抵销事项，市县级政府无此抵销事项
4	将部门、土地储备资金的财政拨款收入与财政的相关拨款费用进行抵销。	借：财政拨款收入 贷：政府机关商品和服务拨款费用/政府机关工资福利拨款费用等	财政与部门之间抵销事项
5	将部门的事业收入与财政的财政专户管理资金支出进行抵销。	借：事业收入（财政专户管理资金） 贷：财政专户管理资金支出	财政与部门之间抵销事项
6	将财政的借出款项与部门的其他应付款进行抵销。	借：其他应付款 贷：借出款项	财政与部门之间抵销事项

（续表）

序号	事项说明	分录	事项分类
7	将财政的预拨经费与部门的其他应付款进行抵销。	借：其他应付款 贷：预拨经费	财政与部门之间抵销事项
8-1	财政代管预算单位资金，单位通过"其他应收款"核算的，将应付代管资金与部门的其他应收款进行抵销。	借：应付代管资金 贷：其他应收款	财政与部门之间抵销事项
8-2	财政代管预算单位资金，单位通过"银行存款"核算的，将应付代管资金与部门的银行存款进行抵销。	借：应付代管资金 贷：银行存款	财政与部门之间抵销事项
9	通过财政的费用安排取得的专用基金收入，与相应的拨款费用进行抵销。	借：专用基金收入 贷：对个人和家庭补助拨款费用/对企业补助拨款费用等	财政内部抵销事项
10	财政的专用基金支出调整计入相应的费用报表项目。	借：商品和服务费用/对个人和家庭的补助费用/对企业补助费用等 贷：专用基金支出	财政内部调整事项
11	将对企业下属事业单位和非同级政府事业单位等的补助拨款费用调整计入相应的费用报表项目。	借：商品和服务费用/工资福利费用等 贷：对事业单位补助拨款费用	财政内部调整事项
12	根据调整分录中收入调整总额与费用调整总额的差额调整净资产	借或贷：收入调整总额与费用调整总额的差额 贷或借：净资产	其他调整事项。当差额为正数时，调增净资产，为负数时调减净资产。

注：上述清单中未涵盖的抵销事项，可根据实际情况自行增设抵销分录进行抵销。

附 6-2

行政区抵销事项清单

序号	事项说明	分录	事项分类
1	抵销上下级政府财政之间发生的往来事项	借：应付及预收款项 贷：应收及预付款项	不同政府财政之间抵销事项
2	抵销上下级政府财政之间发生的转贷款本金	借：应付转贷款/一年内到期的非流动负债 贷：应收转贷款/一年内到期的非流动资产	不同政府财政之间抵销事项
3	抵销上下级政府财政之间发生的转贷款利息	借：应付利息 贷：应收利息	不同政府财政之间抵销事项
4	抵销上下级政府财政之间发生的补助收支和上解收支	借：政府间转移性收入 贷：政府间转移性费用	不同政府财政之间抵销事项
5	抵销不同政府财政之间发生的援助收支	借：政府间转移性收入 贷：政府间转移性费用	不同政府财政之间抵销事项
6	抵销政府部门与非同级财政之间发生的收入费用事项	借：政府间转移性收入 贷：商品和服务费用/其他费用	政府部门与非同级政府财政之间抵销事项
7	抵销非同级政府部门之间的债权债务事项	借：应付及预收款项 贷：应收及预付款项	非同级政府部门之间抵销事项
8	抵销非同级政府部门之间的收入费用事项	借：事业收入/经营收入/其他收入/政府间转移性收入 贷：商品和服务费用/其他费用	非同级政府部门之间抵销事项

注：上述清单中未涵盖的抵销事项，可根据实际情况自行增设抵销分录进行抵销。

财政总会计制度

（财库〔2022〕41号印发）

第一章 总 则

第一条 为加强财政预算管理，提升国家财政治理效能，规范各级政府财政总会计（以下简称总会计）核算，保证会计信息质量，充分发挥总会计的职能作用，根据《中华人民共和国会计法》《中华人民共和国预算法》《中华人民共和国预算法实施条例》及政府会计准则等法律、行政法规和规章，制定本制度。

第二条 本制度适用于中央，省、自治区、直辖市及新疆生产建设兵团，设区的市、自治州，县、自治县、不设区的市、市辖区，乡、民族乡、镇等各级政府财政部门总会计。

第三条 总会计是各级政府财政核算、反映、监督一般公共预算资金、政府性基金预算资金、国有资本经营预算资金、社会保险基金预算资金以及财政专户管理资金、专用基金和代管资金等资金有关的经济活动或事项的专业会计。

社会保险基金预算资金会计核算不适用本制度，由财政部另行规定。

第四条 总会计的职责主要包括：

（一）进行会计核算。办理政府财政各项预算收支、资产负债以及财政运行的会计核算工作，反映政府财政预算执行情况、财务状况、运行情况和现金流量等。

（二）严格财政资金收付调度管理。组织办理财政资金的收付、调拨，在确保资金安全性、规范性、流动性前提下，合理调度管理资金，提高资金使用效益。

（三）规范账户管理。加强对国库单一账户、财政专户、零余额账户和预算单位银行账户等的管理。

（四）实行会计监督，参与预算管理和财务管理。通过会计核算和反映，进行预算执行情况、财务状况、运行情况和现金流量情况分析，并对财政、部门及其所属单位的预算执行和财务管理情况实行会计监督。

（五）协调预算收入征收部门、国家金库、国库集中收付代理银行、财政专户开户银行和其他有关部门之间的业务关系。

（六）组织本地区财政总决算、部门决算、政府财务报告编审和汇总工作。

（七）组织和指导下级财政总会计工作。

第五条 各级政府财政部门应当根据工作需要，配备一定数量的专职会计人员，负责总会计工作，并保持相对稳定。

第六条 总会计应当根据政府会计准则（包括基本准则和具体准则）规定的原则和本制度的要求，对其发生的各项经济业务或事项进行会计核算。

第七条 总会计应当具备财务会计与预算会计双重功能，实现财务会计与预算会计适度区分并相互衔接，全面清晰反映政府财政财务信息和预算执行信息。

财务会计实行权责发生制。预算会计实行收付实现制，国家法律法规等另有规定的，依照其规定。

对于纳入预算管理的财政资金收支业务，在采用预算会计核算的同时应当进行财务会计核算；对于不同预算类型资金间的调入调出、待发国债等业务，仅需进行预算会计核算；对于其他业务，仅需进行财务会计核算。

第八条 总会计的核算目标是向会计信息使用者提供政府财政预算执行情况、财务状况、运行情况和现金流量等会计信息，反映政府财政受托责任履行情况。

总会计的会计信息使用者包括人民代表大会、政府及其有关部门、政府财政部门自身和其他会计信息使用者。

第九条 总会计的会计核算应当以本级政府财政业务活动持续正常地进行为前提。

第十条 总会计应当划分会计期间，分期结算账目，按规定编制会计报表和报告。

会计期间至少分为年度和月度。会计年度、月度等会计期间的起讫日期采用公历日期。

年度终了后，可根据工作需要设置一定期限的上年报告清理期。

第十一条 总会计应当以人民币作为记账本位币，以元为金额单位，元以下记至角、分。发生外币业务，在登记外币金额的同时，一般应当按照业务发生当日中国人民银行公布的汇率中间价，将有关外币金额折算为人民币金额记账。期末，各种以外币计价或结算的资产负债项目，应当按照期末中国人民银行公布的汇率中间价进行折算，因汇率变动产生的差额记入有关费用和支出科目。

第十二条 总会计应当采用借贷记账法记账。

第十三条 总会计的会计记录应当使用中文，少数民族地区可以同时使用本民族文字。

第二章 会计要素

第十四条 本制度会计要素包括财务会计要素和预算会计要素。财务会计要素包括资产、负债、净资产、收入和费用；预算会计要素包括预算收入、预算支出和预算结余。

第一节 资　　产

第十五条 总会计核算的资产，应当按照取得或发生时实际金额进行计量。

第十六条 总会计核算的资产按照流动性，分为流动资产和非流动资产。流动资产是指预计在1年内（含1年）耗用或者可以变现的资产；非流动资产是指流动资产以外的资产。

第十七条 总会计核算的资产具体包括财政存款、国库现金管理资产、有价证券、应收非税收入、应收股利、应收及暂付款项、借出款项、预拨经费、在途款、应收转贷款、股权投资等。

财政存款是指政府财政部门代表政府管理的国库存款和其他财政存款等。财政存款的支配权属于同级政府财政部门，并由总会计负责管理，统一在国库或选定的银行开立存款账户，统一收付，不得透支，不得提取现金。

国库现金管理资产是指政府财政在确保支付需要前提下，将暂时闲置的国库存款存放商业银行或者投资于货币市场形成的资产,包括国库现金管理商业银行定期存款以及国库现金管理其他资产。

有价证券是指政府财政按照有关规定取得并持有的有价证券。

应收非税收入是指政府财政应向缴款人收取但实际尚未缴入国库的非税收入款项。

应收股利是指政府因持有股权投资应当收取的现金股利或应当分得的利润。

应收及暂付款项是指政府财政业务活动中形成的债权,包括与下级往来和其他应收款等。应收及暂付款项应当及时清理结算,不得长期挂账。

借出款项是指政府财政按照对外借款管理有关规定借给预算单位临时急需,并按期收回的款项。借出款项仅限于政府财政对纳入本级预算管理的一级预算单位(不含企业)安排借款,不得经预算单位再转借企业。借款资金仅限于临时性资金周转或应对社会影响较大突发事件的临时急需垫款,借款期限不得超过一年,借款时应明确还款来源。

预拨经费是指政府财政在本级人民代表大会批准年度预算前,可以提前预拨已经列入年度预算的各部门基本支出、项目支出和对下级转移支付支出,以及法律规定必须履行支付义务的支出和用于自然灾害等突发事件处理的支出。除上述支出事项及财政部另有规定外,其他支出均不得提前预拨。预拨经费(不含预拨下年度预算资金)应在年终前转列费用或清理收回。

在途款是指报告清理期和库款报解整理期内发生的需要通过本科目过渡处理的属于上年度收入、费用等业务的款项。

应收转贷款是指政府财政将借入的资金转贷给下级政府财政的款项,包括应收地方政府债券转贷款、应收主权外债转贷款等。

股权投资是指政府持有的各类股权投资,包括国际金融组织股权投资、政府投资基金股权投资和企业股权投资等。

第二节 负 债

第十八条 总会计核算的负债,应当按照承担的有关义务金额或实际发生金额进行计量。

第十九条 总会计核算的负债按照流动性,分为流动负债和非流动负债。

流动负债是指预计在 1 年内（含 1 年）偿还的负债；非流动负债是指流动负债以外的负债。

第二十条 总会计核算的负债具体包括应付政府债券、应付国库集中支付结余、应付及暂收款项、应付代管资金、应付利息、借入款项、应付转贷款、其他负债等。

应付政府债券是指政府财政以政府名义发行的国债和地方政府债券的应付本金，包括应付短期政府债券和应付长期政府债券。

应付国库集中支付结余是指省级以上（含省级）政府财政国库集中支付中应列为当年费用，但年末未支付需结转下一年度支付的款项。

应付及暂收款项是指政府财政业务活动中形成的支付义务，包括与上级往来和其他应付款等。应付及暂收款项应当及时清理结算。

应付代管资金是指政府财政代为管理的，使用权属于被代管主体的资金。

应付利息是指政府财政以政府名义发行的政府债券及借入款项应支付的利息。

借入款项是指政府财政以政府名义向外国政府和国际金融组织等借入的款项，以及经国务院批准的其他方式借入的款项。

应付转贷款是指政府财政从上级政府财政借入的债务转贷款的本金和利息，包括应付地方政府债券转贷款和应付主权外债转贷款等。

其他负债是指政府财政因有关政策明确要求其承担支出责任的事项而形成的支付义务。

第三节　净　资　产

第二十一条 总会计核算的净资产是指本级政府财政总会计核算的资产扣除负债后的净额。

第二十二条 总会计核算的净资产包括累计盈余、本期盈余、预算稳定调节基金、预算周转金、权益法调整、以前年度盈余调整等。

累计盈余是指政府财政一般公共预算资金、政府性基金预算资金、国有资本经营预算资金、财政专户管理资金、专用基金历年实现的盈余滚存的金额。

本期盈余是指政府财政一般公共预算资金、政府性基金预算资金、国有资本经营预算资金、财政专户管理资金、专用基金本期各项收入、费用分别相抵后的余额。

预算稳定调节基金是指政府财政为保持年度间预算的衔接和稳定而设置的储备性资金。

预算周转金是指政府财政为调剂预算年度内季节性收支差额，保证及时用款而设置的库款周转资金。

权益法调整是指政府财政按照持股比例计算应享有的被投资主体除净损益和利润分配以外的所有者权益变动的份额。

以前年度盈余调整是指政府财政调整以前年度盈余的事项。

第四节 收 入

第二十三条 总会计核算的收入，应当按照开具票据金额或实际取得金额进行计量。

第二十四条 总会计核算的收入包括税收收入、非税收入、投资收益、转移性收入、其他收入、财政专户管理资金收入和专用基金收入等。

税收收入是指政府财政筹集的纳入本级财政管理的税收收入。

非税收入是指政府财政筹集的纳入本级财政管理的非税收入。

投资收益是指政府持有股权投资所实现的收益或发生的损失。

转移性收入是指在各级政府财政之间进行资金调拨所形成的收入，包括补助收入、上解收入和地区间援助收入等。其中，补助收入是指上级政府财政按照财政体制规定或专项需要补助给本级政府财政的款项。上解收入是指按照财政体制规定或专项需要由下级政府财政上交给本级政府财政的款项。地区间援助收入是指受援方政府财政收到援助方政府财政转来的可统筹使用的各类援助、捐赠等资金收入。

其他收入是指政府财政从其他渠道调入资金、豁免主权外债偿还责任，以及无偿取得股权投资等产生的收入。

财政专户管理资金收入是指政府财政纳入财政专户管理的教育收费等资金收入。

专用基金收入是指政府财政根据法律法规等规定设立的各项专用基金（包括粮食风险基金等）取得的资金收入。

第五节 费　用

第二十五条 总会计核算的费用，应当按照承担支付义务金额或实际发生金额进行计量。

第二十六条 总会计核算的费用包括政府机关商品和服务拨款费用、政府机关工资福利拨款费用、对事业单位补助拨款费用、对企业补助拨款费用、对个人和家庭补助拨款费用、对社会保障基金补助拨款费用、资本性拨款费用、其他拨款费用、财务费用、转移性费用、其他费用、财政专户管理资金支出、专用基金支出等。

政府机关商品和服务拨款费用是指本级政府财政拨付给机关和参照公务员法管理的事业单位（以下简称参公事业单位）购买商品和服务的各类费用，不包括用于购置固定资产、战略性和应急性物资储备等资本性拨款费用。

政府机关工资福利拨款费用是指本级政府财政拨付给机关和参公事业单位在职职工和编制外长期聘用人员的各类劳动报酬及为上述人员缴纳的各项社会保险费等费用。

对事业单位补助拨款费用是指本级政府财政拨付的对事业单位（不含参公事业单位）的经常性补助费用，不包括对事业单位的资本性拨款费用。

对企业补助拨款费用是指本级政府财政拨付的对各类企业的补助费用，不包括对企业的资本金注入和资本性拨款费用。

对个人和家庭补助拨款费用是指本级政府财政拨付的对个人和家庭的补助费用。

对社会保障基金补助拨款费用是指本级政府财政拨付的对社会保险基金的补助，以及补充全国社会保障基金的费用。

资本性拨款费用是指本级政府财政拨付给行政事业单位和企业的资本性费用，不包括对企业的资本金注入。

其他拨款费用是指本级政府财政拨付的经常性赠与、国家赔偿费用、对民间非营利组织和群众性自治组织补贴等费用。

财务费用是指本级政府财政用于偿还政府债务的利息费用，政府债务发行、兑付、登记费用，以外币计算的政府资产及债务由于汇率变化产生的汇兑损益等。

转移性费用是指在各级政府财政之间进行资金调拨形成的费用，包括补助费用、上解费用、地区间援助费用等。其中，补助费用是指本级政府财政按照财政体制规定或专项需要补助给下级政府财政的费用。上解费用是指本级政府财政按照财政体制规定或专项需要上交给上级政府财政的费用。地区间援助费用是指援助方政府财政安排用于受援方政府财政统筹使用的各类援助、补偿、捐赠等费用。

其他费用是指政府财政无偿划出股权投资以及确认其他负债等产生的费用。

财政专户管理资金支出是指政府财政用纳入财政专户管理的教育收费等资金安排的支出。

专用基金支出是指政府财政用专用基金收入安排的支出。

第二十七条 对于收回本年度已列费用的款项，应冲减当期费用；对于收回以前年度已列费用的款项，通常记入以前年度盈余调整。

第六节 预算收入

第二十八条 预算收入一般在实际取得时予以确认，以实际取得的金额计量。

第二十九条 总会计核算的预算收入包括一般公共预算收入、政府性基金预算收入、国有资本经营预算收入、财政专户管理资金收入、专用基金收入、转移性预算收入、动用预算稳定调节基金、债务预算收入、债务转贷预算收入和待处理收入等。

一般公共预算收入是指政府财政筹集纳入本级一般公共预算管理的税收收入和非税收入。

政府性基金预算收入是指政府财政筹集纳入本级政府性基金预算管理的非税收入。

国有资本经营预算收入是指政府财政筹集纳入本级国有资本经营预算管理的非税收入。

财政专户管理资金收入是指政府财政纳入财政专户管理的教育收费等资金收入。

专用基金收入是指政府财政根据法律法规等规定设立各项专用基金（包

括粮食风险基金等）取得的资金收入。

转移性预算收入是指在各级政府财政之间进行资金调拨以及在本级政府财政不同类型资金之间调剂所形成的收入，包括补助预算收入、上解预算收入、地区间援助预算收入和调入预算资金等。

补助预算收入是指上级政府财政按照财政体制规定或专项需要补助给本级政府财政的款项，包括返还性收入、一般性转移支付收入和专项转移支付收入等。上解预算收入是指按照财政体制规定或专项需要由下级政府财政上交给本级政府财政的款项。地区间援助预算收入是指受援方政府财政收到援助方政府财政转来的可统筹使用的各类援助、捐赠等资金收入。调入预算资金是指政府财政为平衡某类预算收支，从其他类型预算资金及其他渠道调入的资金。

动用预算稳定调节基金是指政府财政为弥补一般公共预算收支缺口动用的预算稳定调节基金。

债务预算收入是指政府财政根据法律法规等规定，通过发行债券、向外国政府和国际金融组织借款等方式筹集的纳入预算管理的资金收入。

债务转贷预算收入是指本级政府财政收到上级政府财政转贷的债务收入。

待处理收入是指本级政府财政收回的部门预算结转结余资金和转移支付结转资金。

第三十条 一般公共预算收入、政府性基金预算收入、国有资本经营预算收入、财政专户管理资金收入和专用基金收入应当按照实际收到的金额入账。中央政府财政年末可按有关规定对部分收入事项采用权责发生制核算。转移性预算收入应当按照财政体制的规定和预算管理需要，按实际发生的金额入账。债务预算收入应当按照实际发行额或借入的金额入账，债务转贷预算收入应当按照实际收到的转贷金额入账。待处理收入应当按照实际收到的金额入账。

已建乡（镇）国库的地区，乡（镇）财政的本级收入以乡（镇）国库收到数为准。县（含县本级）以上各级财政的各项预算收入（含固定收入与共享收入）以缴入基层国库数额为准。

未建乡（镇）国库的地区，乡（镇）财政的本级收入以乡（镇）总会计收到县级财政返回数额为准。

第三十一条 总会计应当加强各项预算收入的管理，严格会计核算手续。对于各项预算收入的账务处理必须以审核无误的国库入账凭证、预算收入日报表、专户资金入账凭证和其他合法凭证为依据。发现错误，应当按照有关规定及时通知有关单位共同更正。

对于已缴入国库和财政专户的预算收入退库（付），要严格把关，强化监督。凡不属于国家规定的退库（付）项目，一律不得办理退库（付）及冲退预算收入。属于国家规定的退库（付）事项，具体退库（付）程序按财政部的有关规定办理。

第七节 预算支出

第三十二条 预算支出一般在实际发生时予以确认，以实际发生的金额计量。

第三十三条 总会计核算的预算支出包括一般公共预算支出、政府性基金预算支出、国有资本经营预算支出、财政专户管理资金支出、专用基金支出、转移性预算支出、安排预算稳定调节基金、债务还本预算支出、债务转贷预算支出和待处理支出等。

一般公共预算支出是指政府财政管理的由本级政府安排使用的列入一般公共预算的支出。

政府性基金预算支出是指政府财政管理的由本级政府安排使用的列入政府性基金预算的支出。

国有资本经营预算支出是指政府财政管理的由本级政府安排使用的列入国有资本经营预算的支出。

财政专户管理资金支出是指政府财政用纳入财政专户管理的教育收费等资金安排的支出。

专用基金支出是指政府财政用专用基金收入安排的支出。

转移性预算支出是指各级政府财政之间进行资金调拨以及在本级政府财政不同类型资金之间调剂所形成的支出，包括补助预算支出、上解预算支出、地区间援助预算支出和调出预算资金等。补助预算支出是指本级政府财政按财政体制规定或专项需要补助给下级政府财政的款项，包括对下级的税收返还、一般性转移支付和专项转移支付等。上解预算支出是指按照财政体制规定或专项需要由本级政府财政上交给上级政府财政的款项。地区间援助预算支出是指援助方政府财政安排用于受援方政府财政统筹使用的各类援助、捐赠等资金支出。调出预算资金是指政府财政为平衡预算收支，在不同类型预算资金之间的调出支出。

安排预算稳定调节基金是指政府财政安排用于弥补以后年度预算资金不足的储备性资金。

债务还本预算支出是指政府财政偿还本级政府承担的债务本金支出。

债务转贷预算支出是指本级政府财政向下级政府财政转贷的债务支出。

待处理支出是指政府财政按照预拨经费管理有关规定预拨给预算单位尚未列为预算支出的款项。待处理支出（不含预拨下年度预算资金）应在年终前转列支出或清理收回。

第三十四条 一般公共预算支出、政府性基金预算支出、国有资本经营预算支出一般应当按照实际支付的金额入账。省级以上（含省级）政府财政年末可按规定采用权责发生制将国库集中支付结余列支入账。中央政府财政年末可按有关规定对部分支出事项采用权责发生制核算。从本级预算支出中安排提取的专用基金，按照实际提取金额列支入账。财政专户管理资金支出、专用基金支出应当按照实际支付的金额入账。转移性预算支出应当根据财政体制的规定和预算管理需要，按实际发生的金额入账。债务转贷预算支出应当按照实际转贷的金额入账。债务还本预算支出应当按照实际偿还的金额入账。待处理支出应当按照实际支付的金额入账。

对于收回当年已列支出的款项，应冲销当年预算支出。对于收回以前年度已列支出的款项，通常冲销当年预算支出。

第三十五条 总会计应当加强预算支出管理，科学预测和调度资金，严格按照批准的年度预算办理支出，严格审核拨付申请，严格按照预算管理规定和实际拨付金额列报支出，不得办理无预算、超预算的支出，不得任意调整预算支出科目。

对于各项支出的账务处理必须以审核无误的国库划款清算凭证、资金支付凭证和其他合法凭证为依据。

第八节 预算结余

第三十六条 预算结余是指预算年度内政府预算收入扣除预算支出后的余额，以及历年滚存的库款和专户资金余额。

第三十七条 总会计核算的预算结余包括一般公共预算结转结余、政府性基金预算结转结余、国有资本经营预算结转结余、财政专户管理资金结余、专用基金结余、预算稳定调节基金、预算周转金和资金结存等。

一般公共预算结转结余是指本级政府财政一般公共预算收支的执行结果。

政府性基金预算结转结余是指本级政府财政政府性基金预算收支的执行结果。

国有资本经营预算结转结余是指本级政府财政国有资本经营预算收支的执行结果。

财政专户管理资金结余是指本级政府财政纳入财政专户管理的教育收费等资金收支的执行结果。

专用基金结余是指本级政府财政专用基金收支的执行结果。

预算稳定调节基金是指本级政府财政为保持年度间预算的衔接和稳定，在一般公共预算中设置的储备性资金。

预算周转金是指本级政府财政为调剂预算年度内季节性收支差额，保证及时用款而设置的周转资金。

资金结存是指政府财政纳入预算管理资金的流入、流出、调整和滚存的结果。

第三十八条 各项结转结余应每年结算一次。

第三章 会计科目

第三十九条 总会计应当按照下列规定运用会计科目：

（一）总会计应当对有关法律、法规允许进行的经济活动，按照本制度的规定使用会计科目进行核算；不得以本制度规定的会计科目及使用说明作为进行有关经济活动的依据。

（二）总会计应当按照本制度的规定设置和使用会计科目，不需使用的总账科目可以不使用；在不影响会计处理和编报会计报表的前提下，各级总会计可以根据实际情况在本套科目体系下自行增设下级明细科目。

（三）总会计应当执行本制度统一规定的会计科目编号，不得随意打乱重编，以便于填制会计凭证、登记账簿、查阅账目，实行会计信息化管理。

（四）总会计在填制会计凭证、登记会计账簿时，应同时填列会计科目的名称及编号。

（五）总会计设置明细科目或进行明细核算，除遵循本制度规定外，还应当满足政府财政预算管理和财务管理的需要。

第四十条 总会计适用的会计科目如下：

序号	科目编号	会计科目名称
一、财务会计科目		
（一）资产类		
1	1001	国库存款
2	1002	其他财政存款
3	1003	国库现金管理资产
	100301	商业银行定期存款
	100399	其他国库现金管理资产
4	1011	有价证券
5	1021	应收非税收入
6	1022	应收股利
7	1031	借出款项
8	1032	与下级往来
9	1033	预拨经费
10	1034	在途款
11	1035	其他应收款
12	1041	应收地方政府债券转贷款
	104101	应收本金

（续表）

序号	科目编号	会计科目名称
	104102	应收利息
13	1042	应收主权外债转贷款
	104201	应收本金
	104202	应收利息
14	1061	股权投资
	106101	国际金融组织股权投资
	106102	政府投资基金股权投资
	106103	企业股权投资
（二）负债类		
15	2001	应付短期政府债券
	200101	应付国债
	200102	应付地方政府一般债券
	200103	应付地方政府专项债券
16	2011	应付国库集中支付结余
17	2012	与上级往来
18	2013	其他应付款
19	2014	应付代管资金
20	2015	应付利息
	201501	应付国债利息
	201502	应付地方政府债券利息
	201503	应付地方政府主权外债利息
21	2021	应付长期政府债券
	202101	应付国债
	202102	应付地方政府一般债券

（续表）

序号	科目编号	会计科目名称
	202103	应付地方政府专项债券
22	2022	借入款项
23	2031	应付地方政府债券转贷款
	203101	应付本金
	203102	应付利息
24	2032	应付主权外债转贷款
	203201	应付本金
	203202	应付利息
25	2041	其他负债
（三）净资产类		
26	3001	累计盈余
	300101	预算管理资金累计盈余
	300102	财政专户管理资金累计盈余
	300103	专用基金累计盈余
27	3011	本期盈余
	301101	预算管理资金本期盈余
	301102	财政专户管理资金本期盈余
	301103	专用基金本期盈余
28	3021	预算稳定调节基金
29	3022	预算周转金
30	3041	权益法调整
31	3051	以前年度盈余调整
	305101	预算管理资金以前年度盈余调整
	305102	财政专户管理资金以前年度盈余调整

（续表）

序号	科目编号	会计科目名称
	305103	专用基金以前年度盈余调整
（四）收入类		
32	4001	税收收入
33	4002	非税收入
34	4011	投资收益
35	4021	补助收入
36	4022	上解收入
37	4023	地区间援助收入
38	4031	其他收入
39	4041	财政专户管理资金收入
40	4042	专用基金收入
（五）费用类		
41	5001	政府机关商品和服务拨款费用
42	5002	政府机关工资福利拨款费用
43	5003	对事业单位补助拨款费用
44	5004	对企业补助拨款费用
45	5005	对个人和家庭补助拨款费用
46	5006	对社会保障基金补助拨款费用
47	5007	资本性拨款费用
48	5008	其他拨款费用
49	5011	财务费用
	501101	利息费用
	501102	债务发行兑付费用
	501103	汇兑损益

（续表）

序号	科目编号	会计科目名称
50	5021	补助费用
51	5022	上解费用
52	5023	地区间援助费用
53	5031	其他费用
54	5041	财政专户管理资金支出
55	5042	专用基金支出

二、预算会计科目

（一）预算收入类

序号	科目编号	会计科目名称
56	6001	一般公共预算收入
57	6002	政府性基金预算收入
58	6003	国有资本经营预算收入
59	6005	财政专户管理资金收入
60	6007	专用基金收入
61	6011	补助预算收入
	601101	一般公共预算补助收入
	601102	政府性基金预算补助收入
	601103	国有资本经营预算补助收入
	601111	上级调拨
62	6012	上解预算收入
	601201	一般公共预算上解收入
	601202	政府性基金预算上解收入
	601203	国有资本经营预算上解收入
63	6013	地区间援助预算收入
64	6021	调入预算资金

财政总会计制度

（续表）

序号	科目编号	会计科目名称
	602101	一般公共预算调入资金
	602102	政府性基金预算调入资金
65	6031	动用预算稳定调节基金
66	6041	债务预算收入
	604101	国债收入
	604102	一般债务收入
	604103	专项债务收入
67	6042	债务转贷预算收入
	604201	一般债务转贷收入
	604202	专项债务转贷收入
68	6051	待处理收入
	605101	库款资金待处理收入
	605102	专户资金待处理收入
（二）预算支出类		
69	7001	一般公共预算支出
70	7002	政府性基金预算支出
71	7003	国有资本经营预算支出
72	7005	财政专户管理资金支出
73	7007	专用基金支出
74	7011	补助预算支出
	701101	一般公共预算补助支出
	701102	政府性基金预算补助支出
	701103	国有资本经营预算补助支出
	701111	调拨下级

（续表）

序号	科目编号	会计科目名称
75	7012	上解预算支出
	701201	一般公共预算上解支出
	701202	政府性基金预算上解支出
	701203	国有资本经营预算上解支出
76	7013	地区间援助预算支出
77	7021	调出预算资金
	702101	一般公共预算调出资金
	702102	政府性基金预算调出资金
	702103	国有资本经营预算调出资金
78	7031	安排预算稳定调节基金
79	7041	债务还本预算支出
	704101	国债还本支出
	704102	一般债务还本支出
	704103	专项债务还本支出
80	7042	债务转贷预算支出
	704201	一般债务转贷支出
	704202	专项债务转贷支出
81	7051	待处理支出
（三）预算结余类		
82	8001	一般公共预算结转结余
83	8002	政府性基金预算结转结余
84	8003	国有资本经营预算结转结余
85	8005	财政专户管理资金结余
86	8007	专用基金结余

（续表）

序号	科目编号	会计科目名称
87	8031	预算稳定调节基金
88	8033	预算周转金
89	8041	资金结存
	804101	库款资金结存
	804102	专户资金结存
	804103	在途资金结存
	804104	集中支付结余结存
	804105	上下级调拨结存
	804106	待发国债结存
	804107	零余额账户结存
	804108	已结报支出
	804109	待处理结存

第四十一条 财务会计科目使用说明如下：

一、资产类

1001 国库存款

一、本科目核算政府财政存放在国库单一账户的款项。

二、国库存款的主要账务处理如下：

（一）国库存款增加时，按照实际收到的金额，借记本科目，贷记有关科目。

（二）国库存款减少时，按照实际支付的金额，借记有关科目，贷记本科目。

三、本科目期末借方余额反映政府财政国库存款的结存数。

1002 其他财政存款

一、本科目核算政府财政未列入"国库存款"科目反映的各项财政存款。

二、本科目应按照存款资金的性质和存款银行等进行明细核算。

三、其他财政存款的主要账务处理如下：

（一）财政专户收到款项时，按照实际收到的金额，借记本科目，贷记有关科目。

（二）其他财政存款产生的利息收入，除规定作为专户资金收入外，其他利息收入都应缴入国库。

取得其他财政存款利息收入时，按照实际获得的利息金额，根据以下情况分别处理：

1. 按规定作为专户资金收入的，借记本科目，贷记"应付代管资金"或有关收入科目。

2. 按规定应缴入国库的，借记本科目，贷记"其他应付款"科目。将其他财政存款利息收入缴入国库时，借记"其他应付款"科目，贷记本科目；同时，借记"国库存款"科目，贷记"非税收入"科目。

（三）其他财政存款减少时，按照实际支付的金额，借记有关科目，贷记本科目。

四、本科目期末借方余额反映政府财政持有的其他财政存款。

1003 国库现金管理资产

一、本科目核算政府财政将暂时闲置的国库存款存放商业银行或者投资于货币市场形成的资产。

二、本科目应按照业务种类设置"商业银行定期存款""其他国库现金管理资产"明细科目，并可根据管理需要进行明细核算。

三、国库现金管理资产的主要账务处理如下：

（一）商业银行定期存款

1. 根据国库现金管理有关规定开展商业银行定期存款时，将国库存款转存商业银行，按照存入商业银行的金额，借记本科目，贷记"国库存款"科目。

2. 商业银行定期存款收回国库时，按照实际收回的金额，借记"国库存款"科目，按照原存入商业银行的存款本金金额，贷记本科目，按照其差额，贷记"非税收入"科目。

（二）其他国库现金管理业务可根据管理条件和管理需要，参照商业银行定期存款的账务处理。

四、本科目期末借方余额反映政府财政开展国库现金管理业务形成的资产。

1011 有价证券

一、本科目核算政府财政按照有关规定取得并持有的有价证券。

二、本科目应按照有价证券种类进行明细核算。

三、有价证券的主要账务处理如下：

（一）购入有价证券时，按照实际支付的金额，借记本科目，贷记"国库存款""其他财政存款"等科目。

（二）转让或到期兑付有价证券时，按照实际收到的金额，借记"国库存款""其他财政存款"等科目，按照该有价证券的账面余额，贷记本科目，按照其差额，贷记或借记有关收入或费用科目。

四、本科目期末借方余额反映政府财政持有的有价证券金额。

1021 应收非税收入

一、本科目核算政府财政应向缴款人收取但实际尚未缴入国库的非税收入款项。对于非税收入管理部门不能提供已开具非税收入缴款票据、尚未缴入本级国库的非税收入数据的地区，可暂不使用本科目核算。

二、本科目应参照《政府收支分类科目》中"非税收入"科目进行明细核算，同时可根据管理需要，参照实际情况，按执收部门（单位）进行明细核算。

三、应收非税收入的主要账务处理如下：

（一）确认取得非税收入时，按照非税收入管理部门提供的已开具缴款票据、尚未缴入本级国库的非税收入金额，借记本科目，贷记"非税收入"科目。

（二）实际收到非税收入款项时，按照实际收到的非税收入金额，借记"国库存款"科目，已列应收非税收入部分金额，贷记本科目；未列入应收非税收入部分金额，贷记"非税收入"科目。

（三）期末，非税收入管理部门应对未入库的应收非税收入进行全面核查，总会计根据核查结果对应收非税收入余额进行确认，确保应收非税收入核算准确。

四、本科目期末借方余额反映政府财政尚未入库的应收非税收入。

1022 应收股利

一、本科目核算政府因持有股权投资应当收取的现金股利或应当分得的利润。

二、本科目应根据管理需要，按照被投资主体进行明细核算。

三、应收股利的主要账务处理如下：

（一）采用权益法核算

1. 持有股权投资期间，被投资主体宣告发放现金股利或利润的，根据股权管理部门提供的资料，按照应上缴政府财政的部分，借记本科目，贷记"股权投资（损益调整）"科目；

2. 收到现金股利或利润时，按照实际收到的金额，借记"国库存款"科目，贷记本科目；按照实际收到金额中未宣告发放的现金股利或利润，借记本科目，贷记"股权投资（损益调整）"科目。

（二）采用成本法核算

1. 持有股权投资期间，被投资主体宣告发放现金股利或利润时，根据股权管理部门提供的资料，按照应上缴政府财政的部分，借记本科目，贷记"投资收益"科目；

2. 收到现金股利或利润时，按照实际收到的金额，借记"国库存款"科目，贷记本科目；按照实际收到金额中未宣告发放的现金股利或利润，借记本科目，贷记"投资收益"科目。

四、本科目期末借方余额反映政府财政应当收取但尚未收到的现金股利或利润。

1031 借出款项

一、本科目核算政府财政按照对外借款管理有关规定借给预算单位临时急需，并按期收回的款项。

二、本科目应按照借款单位进行明细核算。

三、借出款项的主要账务处理如下：

（一）将款项借出时，按照实际支付的金额，借记本科目，贷记"国库存款"等科目。

（二）收回借款时，按照实际收到的金额，借记"国库存款"等科目，贷记本科目。

四、本科目期末借方余额反映政府财政借给预算单位尚未收回的款项。

1032 与下级往来

一、本科目核算本级政府财政与下级政府财政的往来待结算款项。

二、本科目应按照下级政府财政进行明细核算。

三、与下级往来的主要账务处理如下：

（一）拨付下级政府财政款项时，借记本科目，贷记"国库存款"科目。

（二）有主权外债业务的财政部门，贷款资金由下级政府财政同级部门（单位）使用，且贷款的最终还款责任由本级政府财政承担的，本级政府财政部门支付贷款资金时，借记本科目或"补助费用"科目，贷记"国库存款""其他财政存款"等科目；外方将贷款资金直接支付给供应商或用款单位时，借记本科目或"补助费用"科目，贷记"借入款项"或"应付主权外债转贷款"科目。

（三）两级财政年终结算时，确认应当由下级政府财政上交的收入数，借记本科目，贷记"上解收入"科目。

（四）两级财政年终结算时，确认应补助下级政府财政的费用数，借记"补助费用"科目，贷记本科目。

（五）收到下级政府财政缴入国库的往来待结算款项时，借记"国库存款"科目，贷记本科目。

（六）扣缴下级政府财政资金时，借记本科目，贷记"其他应付款"等科目。

四、本科目期末借方余额反映下级政府财政欠本级政府财政的款项；期末贷方余额反映本级政府财政欠下级政府财政的款项。

1033 预拨经费

一、本科目核算政府财政按照预拨经费管理有关规定预拨给预算单位尚未列为费用的款项。

二、本科目应当按照预算单位进行明细核算。

三、预拨经费的主要账务处理如下：

（一）拨出款项时，借记本科目，贷记"国库存款"等科目。

（二）转列费用时，借记有关费用科目，贷记本科目。

（三）收回预拨款项时，借记"国库存款"等科目，贷记本科目。

四、本科目期末借方余额反映政府财政年末尚未转列费用或尚待收回的预拨经费款项。

1034 在途款

一、本科目核算报告清理期和库款报解整理期内发生的需要通过本科目过渡处理的属于上年度收入、费用等业务的款项。

二、在途款的主要账务处理如下：

（一）报告清理期和库款报解整理期内收到属于上年度收入等款项时，在上年度账务中，借记本科目，贷记有关收入科目或"应收非税收入"科目；收回属于上年度费用等款项时，在上年度账务中，借记本科目，贷记"预拨经费"或有关费用科目。

（二）冲转在途款时，在本年度账务中，借记"国库存款"科目，贷记本科目。

三、本科目期末借方余额反映政府财政持有的在途款。

1035 其他应收款

一、本科目核算政府财政临时发生的其他应收、暂付、垫付款项。项目单位拖欠外国政府和国际金融组织贷款本息和有关费用导致有关政府财政履行担保责任，代偿的贷款本息费，也通过本科目核算。

二、本科目应按照资金类别、债务单位等进行明细核算。

三、其他应收款的主要账务处理如下：

（一）发生其他应收款项时，借记本科目，贷记"国库存款""其他财政存款"等科目。

（二）收回其他应收款项时，借记"国库存款""其他财政存款"科目，贷记本科目。

（三）其他应收款项转列费用时，借记有关费用科目，贷记本科目。

（四）政府财政对使用外国政府和国际金融组织贷款资金的项目单位履行担保责任，代偿贷款本息费时，借记本科目，贷记"国库存款""其他财政存款"等科目。政府财政行使追索权，收回项目单位贷款本息费时，借记"国库存款""其他财政存款"等科目，贷记本科目。政府财政最终未收回项目单位贷款本息费，经核准转列费用时，借记有关费用科目，贷记本科目。

四、本科目应及时清理结算，期末原则上应无余额。

1041 应收地方政府债券转贷款

一、本科目核算本级政府财政转贷给下级政府财政的地方政府债券资金的本金及利息。

二、本科目应设置"应收本金"和"应收利息"明细科目，并按照转贷对象进行明细核算，其下应根据管理规定设置"一般债券""专项债券"等明细科目。其中，"应收利息"科目通常应根据债务管理部门计算并提供的政府债券转贷款的应收利息情况，按期进行核算。

三、应收地方政府债券转贷款的主要账务处理如下：

（一）向下级政府财政转贷地方政府债券资金时，按照转贷的本金，借记本科目，按照实际拨付的金额或债务管理部门确认的转贷金额，贷记"国库存款"或"与下级往来"等科目，按照其差额，借记或贷记有关费用科目。

（二）按期确认地方政府债券转贷款的应收利息时，根据债务管理部门计算确认的转贷款本期应收未收利息金额，借记本科目，贷记"财务费用——利息费用"等有关科目。

（三）收到下级政府财政偿还的地方政府债券转贷款本息时，按照收到的金额，借记"国库存款""其他财政存款"等科目，贷记本科目。

（四）扣缴下级政府财政应偿还的地方政府债券转贷款本息时，按照扣缴的金额，借记"与下级往来"等科目，贷记本科目。

（五）豁免下级政府财政应偿还的地方政府债券转贷款本息时，根据债务管理部门转来的有关资料及有关预算文件，按照豁免金额，借记"补助费用""与下级往来"等科目，贷记本科目。

四、本科目期末借方余额反映政府财政应收未收的地方政府债券转贷款本金及利息。

1042 应收主权外债转贷款

一、本科目核算本级政府财政转贷给下级政府财政的外国政府、国际金融组织贷款等主权外债资金的本金及利息。

二、本科目应设置"应收本金"和"应收利息"明细科目,并按照转贷对象进行明细核算。其中,"应收利息"科目通常应根据债务管理部门计算并提供的主权外债转贷款的应收利息情况,按期进行核算。

三、应收主权外债转贷款的主要账务处理如下:

(一)向下级政府财政转贷主权外债资金,且主权外债最终还款责任由下级政府财政承担的,应当分别按照以下情况处理:

1. 本级政府财政支付转贷资金时,借记本科目,贷记"国库存款""其他财政存款"科目。

2. 外方或上级政府财政将贷款资金直接拨付给用款单位或供应商时,根据债务管理部门转来的有关资料,按照实际拨付的金额,借记本科目,贷记"借入款项"或"应付主权外债转贷款"科目。

(二)按期确认主权外债转贷款的应收利息时,根据债务管理部门计算确认的转贷款本期应收未收利息金额,借记本科目,贷记"财务费用——利息费用"等科目。

(三)收回下级政府财政偿还的主权外债转贷款本息时,按照收回的金额,借记"国库存款""其他财政存款"等科目,贷记本科目。

(四)扣缴下级政府财政应偿还的主权外债转贷款本息时,按照扣缴的金额,借记"与下级往来"等科目,贷记本科目。

(五)债权人豁免下级政府财政应偿还的主权外债转贷款本息时,根据债务管理部门转来的有关资料及有关预算文件,按照豁免转贷款的金额,借记"应付主权外债转贷款""借入款项""应付利息"等科目,贷记本科目。

(六)本级政府财政豁免下级政府财政应偿还的主权外债转贷款本息时,根据债务管理部门转来的有关资料及有关预算文件,按照豁免金额,借记"补助费用""与下级往来"等科目,贷记本科目。

（七）年末，根据债务管理部门提供的应收主权外债转贷款因汇率变动产生的期末人民币余额与账面余额之间的差额资料，借记或贷记"财务费用——汇兑损益"科目，贷记或借记本科目。

四、本级政府财政首次确认以前年度转贷给下级政府财政的主权外债时，根据债务管理部门提供的有关资料，按照转贷主权外债本息余额，借记本科目，贷记"以前年度盈余调整"科目。

五、本科目期末借方余额反映政府财政应收未收的主权外债转贷款本金及利息。

1061 股权投资

一、本科目核算政府持有的各类股权投资。包括国际金融组织股权投资、政府投资基金股权投资和企业股权投资等。

二、股权投资在持有期间，通常采用权益法进行核算。政府无权决定被投资主体的财务和经营政策或无权参与被投资主体的财务和经营政策决策的，应当采用成本法进行核算。

三、本科目应当按照"国际金融组织股权投资""政府投资基金股权投资""企业股权投资"设置一级明细科目，在一级明细科目下，分别设置"投资成本""损益调整""其他权益变动"明细科目，同时应根据管理需要，按照被投资主体进行明细核算。

四、股权投资的主要账务处理如下：

（一）采用权益法核算

1.政府财政以现金取得股权投资时，按照实际支付的金额，借记本科目（投资成本），贷记"国库存款"科目。

实际支付的金额中包含的已宣告但尚未发放的现金股利，应当单独确认为应收股利。

2.政府财政以现金以外其他资产置换取得股权投资时，按照股权管理部门确认的金额，借记本科目（投资成本），贷记相关资产类科目。

3.通过清查发现以前年度取得、尚未纳入财政总会计核算的股权投资时，根据股权管理部门提供的资料，按照股权投资的投资成本，借记本科目（投资成本），按照以前年度实现的损益中应享有的份额，借记本科目（损益调整），按照二者合计金额贷记"以前年度盈余调整"科目；按照确定的其他权益变动金额，借记本科目（其他权益变动），贷记"权益法调整"科目。已宣告但尚未发放的现金股利，应当单独确认为应收股利。

4. 无偿划入股权投资时，根据股权管理部门提供的资料，按照股权投资的投资成本，借记本科目（投资成本），按照以前年度实现的损益中应享有的份额，借记本科目（损益调整），按照二者合计金额贷记"其他收入"科目；按照确定的其他权益变动金额，借记本科目（其他权益变动），贷记"权益法调整"科目。

5. 被投资主体实现净利润的，根据股权管理部门提供的资料，按照应享有的份额，借记本科目（损益调整），贷记"投资收益"科目。

被投资主体发生净亏损的，根据股权管理部门提供的资料，按照应分担的份额，借记"投资收益"科目，贷记本科目（损益调整），但以"股权投资"的账面余额减记至零为限。发生亏损的被投资主体以后年度又实现净利润的，按照收益分享额弥补未确认的亏损分担额等后的金额，借记本科目（损益调整），贷记"投资收益"科目。

6. 被投资主体宣告发放现金股利或利润的，根据股权管理部门提供的资料，按照应上缴政府财政的部分，借记"应收股利"科目，贷记本科目（损益调整）。

7. 收到现金股利或利润时，按照实际收到的金额，借记"国库存款"科目，贷记"应收股利"科目；按照实际收到金额中未宣告发放的现金股利或利润，借记"应收股利"科目，贷记本科目（损益调整）。

8. 被投资主体发生除净损益和利润分配以外的所有者权益变动的，根据股权管理部门提供的资料，按照应享有或应分担的份额，借记或贷记本科目（其他权益变动），贷记或借记"权益法调整"科目。

9. 股权投资持有期间，被投资主体以收益转增投资的，根据股权管理部门提供的资料，按照收益转增投资的金额，借记本科目（投资成本），贷记本科目（损益调整）。

10. 处置股权投资时，根据股权管理部门提供的资料，按照被处置股权投资对应的"权益法调整"科目账面余额，借记或贷记"权益法调整"科目，贷记或借记本科目（其他权益变动）；按照处置收回的金额，借记"国库存款"科目,按照已宣告尚未领取的现金股利或利润,贷记"应收股利"科目,按照被处置股权投资的账面余额,贷记本科目(投资成本、损益调整),按照其差额,贷记或借记"投资收益"科目。

11. 无偿划出股权投资时,根据股权管理部门提供的资料,按照被划出股权投资对应的"权益法调整"科目账面余额,借记或贷记"权益法调整"科目,贷记或借记本科目(其他权益变动);按照被划出股权投资的账面余额,借记"其他费用"科目,贷记本科目(投资成本、损益调整)。

12. 企业破产清算时,根据股权管理部门提供的资料,按照破产清算企业股权投资对应的"权益法调整"科目账面余额,借记或贷记"权益法调整"科目,贷记或借记本科目(其他权益变动);按照缴入国库清算收入的金额,借记"国库存款"科目,按照破产清算股权投资的账面余额,贷记本科目(投资成本、损益调整),按照其差额,借记或贷记"投资收益"科目。

(二)采用成本法核算

1. 政府财政以现金取得股权投资时,按照实际支付的金额,借记本科目(投资成本),贷记"国库存款"科目。

实际支付的金额中包含的已宣告但尚未发放的现金股利,应当单独确认为应收股利。

2. 政府财政以现金以外其他资产置换取得股权投资时,按照股权管理部门确认的金额,借记本科目(投资成本),贷记相关资产类科目。

3. 通过清查发现以前年度取得、尚未纳入财政总会计核算的股权投资时,根据股权管理部门提供的资料,按照其确定的投资成本,借记本科目(投资成本),贷记"以前年度盈余调整"科目。已宣告但尚未发放的现金股利,应当单独确认为应收股利。

4. 无偿划入股权投资时,根据股权管理部门提供的资料,按照其确定的投资成本,借记本科目(投资成本),贷记"其他收入"科目。

5. 处置股权投资时,按照收回的金额,借记"国库存款"科目,按照已宣告尚未领取的现金股利或利润,贷记"应收股利"科目,按照被处置股权投资账面余额,贷记本科目(投资成本),按照其差额,贷记或借记"投资收益"科目。

6. 无偿划出股权投资时,按照被划出股权投资的账面余额,借记"其他费用"科目,贷记本科目(投资成本)。

7. 企业破产清算时,根据股权管理部门提供的资料,按照缴入国库清算收入的金额,借记"国库存款"科目,按照破产清算股权投资的账面余额,贷记本科目(投资成本),按照其差额,借记或贷记"投资收益"科目。

(三)成本法与权益法的转换

1. 对股权投资的核算从成本法改为权益法的,应按照成本法下本科目(投资成本)账面余额与追加投资成本的合计金额,借记本科目(投资成本),按照成本法下本科目(投资成本)账面余额,贷记本科目(投资成本),按照追加投资的金额,贷记"国库存款"科目。

2. 对股权投资的核算从权益法改为成本法的,按照"权益法调整"科目账面余额,借记或贷记"权益法调整"科目,贷记或借记本科目(其他权益变动);按照权益法下本科目(投资成本、损益调整)账面余额作为成本法下投资成本账面余额,借记本科目(投资成本),贷记本科目(投资成本、损益调整)。

其后,被投资单位宣告分派现金股利或利润时,属于已记入投资成本账面余额的部分,按照应分得的现金股利或利润份额,借记"应收股利"科目,贷记本科目(投资成本)。

五、本科目期末借方余额反映政府持有的各类股权投资的价值。

二、负债类

2001 应付短期政府债券

一、本科目核算政府财政以政府名义发行的期限不超过1年(含1年)的国债和地方政府债券的应付本金,其中,国债包括中央政府财政发行的国内政府债券和境外发行的主权债券等。

二、本科目应设置"应付国债""应付地方政府一般债券""应付地方政府专项债券"明细科目。债务管理部门应当设置辅助明细账,主要包括政府债券金额、种类、期限、发行日、到期日、票面利率、偿还本金及付息情况等内容,并按期计算债券存续期应付利息情况。

三、应付短期政府债券的主要账务处理如下：

（一）实际收到短期政府债券发行收入时，按照实际收到的金额，借记"国库存款"科目，按照短期政府债券实际发行额，贷记本科目，按照发行收入和发行额的差额，借记或贷记有关费用科目。

（二）中央财政发生国债随卖业务时，按照实际收到的金额，借记"国库存款"等科目；根据国债随卖确认文件等相关债券管理资料，按照国债随卖面值，贷记本科目或"应付长期政府债券"科目；按照其差额，借记或贷记"财务费用——利息费用"科目。

（三）中央财政发生国债随买业务时，根据国债随买确认文件等相关债券管理资料，按照国债随买面值，借记本科目或"应付长期政府债券"科目；按照实际支付的金额，贷记"国库存款"等科目；按照其差额，借记或贷记"财务费用——利息费用"科目。

（四）实际偿还本级政府财政承担的短期政府债券本金时，借记本科目，贷记"国库存款"等科目。

四、本科目期末贷方余额反映政府财政尚未偿还的短期政府债券本金。

2011 应付国库集中支付结余

一、本科目核算省级以上（含省级）政府财政国库集中支付中，应列为当年费用，但年末尚未支付需结转下一年度支付的款项。

二、本科目应按照预算单位进行明细核算；同时可根据管理需要，参照《政府收支分类科目》中支出经济分类科目进行明细核算。

三、应付国库集中支付结余的主要账务处理如下：

（一）年末，对当年发生的应付国库集中支付结余，借记有关费用科目，贷记本科目。

（二）实际支付应付国库集中支付结余资金时，借记本科目，贷记"国库存款"科目。

（三）收回尚未支付的应付国库集中支付结余时，借记本科目，贷记"以前年度盈余调整"等科目。

四、本科目期末贷方余额反映政府财政尚未支付的国库集中支付结余。

2012 与上级往来

一、本科目核算本级政府财政与上级政府财政的往来待结算款项。

二、本科目可根据管理需要，按照往来款项的类别和项目等进行明细核算。

三、与上级往来的主要账务处理如下：

（一）收到上级政府财政拨付的款项时，借记"国库存款""其他财政存款"科目，贷记本科目。

（二）有主权外债业务的财政部门，贷款资金由本级政府财政同级部门使用，且贷款的最终还款责任由上级政府财政承担的，本级政府财政收到贷款资金时，借记"国库存款""其他财政存款"等科目，贷记本科目或"补助收入"科目；外方或上级政府财政将贷款资金直接支付给供应商或用款单位时，借记有关费用科目，贷记本科目或"补助收入"科目。

（三）两级财政年终结算中确认的应当上交上级政府财政的款项，借记"上解费用"科目，贷记本科目。

（四）两级财政年终结算中确认的应当由上级政府财政补助的款项，借记本科目，贷记"补助收入"科目。

（五）上级政府财政扣缴有关款项时，借记有关科目，贷记本科目。

（六）归还上级政府财政的往来性款项时，按照实际归还的金额，借记本科目，贷记"国库存款""其他财政存款"等科目。

四、本科目期末贷方余额反映本级政府财政欠上级政府财政的款项；借方余额反映上级政府财政欠本级政府财政的款项。

2013 其他应付款

一、本科目核算政府财政临时发生的暂收、应付、收到的不明性质款项和收回的结转结余资金等。税务机关代征入库的社会保险费，也通过本科目核算。

二、本科目应按照债权人或资金来源等进行明细核算。

三、其他应付款的主要账务处理如下：

（一）收到不明性质款项及收回结转结余资金时，借记"国库存款""其他财政存款"等科目，贷记本科目。

（二）将有关款项清理退还、划转、转作收入时，借记本科目，贷记"国库存款""其他财政存款"或有关收入科目。

（三）社会保险费代征入库时，借记"国库存款"科目，贷记本科目。入库的社会保险费划转社保基金专户时，借记本科目，贷记"国库存款"科目。

（四）收回的结转结余资金，财政部门按原预算科目使用的，实际安排支出时，借记本科目，贷记"国库存款""其他财政存款"等科目。

收回的结转结余资金，财政部门调整预算科目使用的，实际安排支出时，借记本科目，贷记"以前年度盈余调整——预算管理资金以前年度盈余调整"等科目；同时，借记有关费用科目，贷记"国库存款"等科目。

（五）有关款项确认冲减当年费用时，借记本科目，贷记有关费用科目；有关款项确认冲减以前年度有关费用事项的，借记本科目，贷记"以前年度盈余调整——预算管理资金以前年度盈余调整"等科目。

四、本科目应当及时清理结算，期末贷方余额反映政府财政尚未结清的其他应付款项。

2014 应付代管资金

一、本科目核算政府财政代为管理的使用权属于被代管主体的资金。

二、本科目应根据管理需要进行相关明细核算。

三、应付代管资金的主要账务处理如下：

（一）收到代管资金时，借记"其他财政存款"等科目，贷记本科目。

（二）支付代管资金时，借记本科目，贷记"其他财政存款"等科目。

（三）代管资金产生的利息收入按照有关规定仍属于代管资金的，借记"其他财政存款"等科目，贷记本科目。

四、本科目期末贷方余额反映政府财政尚未支付的代管资金。

2015 应付利息

一、本科目核算政府财政以政府名义发行的政府债券应支付的利息，以及以政府名义借入款项本期应承担的利息等。

二、本科目应根据管理需要设置"应付国债利息""应付地方政府债券利息""应付地方政府主权外债利息"明细科目。本科目应根据债务管理部门计算并提供的政府债券及借入款项的应付利息情况，按期进行核算。

三、应付利息的主要账务处理如下：

（一）根据债务管理部门计算确定的本期应付未付利息金额，借记"财务费用——利息费用"科目，贷记本科目。

（二）实际支付利息时，支付金额中已计提的部分，借记本科目，未计提的部分，借记"财务费用——利息费用"科目，贷记"国库存款""其他财政存款"等科目。

（三）提前赎回已发行的政府债券、豁免政府财政承担的主权外债应付利息时，按照减少的当年已计提应付利息金额，借记本科目，贷记"财务费用——利息费用"等科目。减少以前年度已计提但尚未支付的利息金额，借记本科目，贷记"以前年度盈余调整"科目。

（四）期末，政府发行的以外币计价的政府债券及借入款项由于汇率变化产生的应付利息折算差额，借记或贷记"财务费用——汇兑损益"科目，贷记或借记本科目。

四、本科目期末贷方余额反映政府财政应付未付的利息金额。

2021 应付长期政府债券

一、本科目核算政府财政以政府名义发行的期限超过1年的国债和地方政府债券的应付本金。其中，国债包括中央政府财政发行的国内政府债券和境外发行的主权债券等。

二、本科目应设置"应付国债""应付地方政府一般债券""应付地方政府专项债券"明细科目。债务管理部门应设置辅助明细账，主要包括政府债券金额、种类、期限、发行日、到期日、票面利率、实际偿还本金及付息情况等内容，并按期计算债券存续期应负担的利息金额。

三、应付长期政府债券的主要账务处理如下：

（一）实际收到长期政府债券发行收入时，按照实际收到的金额，借记"国库存款""其他财政存款"科目，按照长期政府债券实际发行额，贷记本科目，按照其差额，借记或贷记有关费用科目。

（二）中央财政发生国债随卖业务时，账务处理参照"应付短期政府债券"科目使用说明中国债随卖业务的账务处理。

（三）中央财政发生国债随买业务时，账务处理参照"应付短期政府债券"科目使用说明中国债随买业务的账务处理。

（四）政府财政以定向承销方式发行长期政府债券时，根据债务管理部门转来的债券发行文件等有关资料，借记"以前年度盈余调整""应收地方政府债券转贷款"等科目，按照长期政府债券实际发行额，贷记本科目，按照发行收入和发行额的差额，借记或贷记有关费用科目。

（五）实际偿还长期政府债券本金时，借记本科目，贷记"国库存款""其他财政存款"等科目。

四、本科目期末贷方余额反映政府财政尚未偿还的长期政府债券本金。

2022 借入款项

一、本科目核算政府财政以政府名义向外国政府、国际金融组织等借入的款项，以及经国务院批准的其他方式借入的款项。

二、本科目应按照债权人进行明细核算。债务管理部门应设置辅助明细账，主要包括借入款项对应的项目、期限、借入日期、实际偿还及付息情况等内容，并按期计算借款存续期应负担的利息金额。

三、借入款项的主要账务处理如下：

（一）借入主权外债的主要账务处理

1. 本级政府财政收到借入的主权外债资金时，按照实际收到的金额借记"国库存款""其他财政存款"科目，按照实际承担的债务金额贷记本科目，按照实际收到的金额与承担的债务之间的差额，借记或贷记有关费用科目。

2. 本级政府财政借入主权外债，且由外方或上级政府财政将贷款资金直接支付给用款单位或供应商时，应根据以下情况分别处理：

（1）本级政府财政承担还款责任，贷款资金由本级政府财政同级部门使用的，根据债务管理部门转来的有关资料，按照实际承担的债务金额，借记有关费用科目，贷记本科目。

（2）本级政府财政承担还款责任，贷款资金由下级政府财政同级部门使用的，根据债务管理部门转来的有关资料及有关预算文件，借记"补助费用"科目或"与下级往来"科目，贷记本科目。

（3）下级政府财政承担还款责任，贷款资金由下级政府财政同级部门使用的,根据债务管理部门转来的有关资料,借记"应收主权外债转贷款"科目,贷记本科目。

3. 偿还主权外债本金时,按照实际支付的金额,借记本科目,贷记"国库存款""其他财政存款"等科目。

4. 债权人豁免本级政府财政承担偿还责任的借入主权外债本金时,根据债务管理部门转来的有关资料,按照被豁免的本金,借记本科目,贷记"其他收入"等科目。

5. 债权人豁免下级政府财政承担偿还责任的借入主权外债本金时,根据债务管理部门转来的有关资料,按照被豁免的本金,借记本科目,贷记"应收主权外债转贷款"科目。

(二)年末,根据债务管理部门提供借入款项因汇率变动产生的期末人民币余额与账面余额之间的差额资料,借记或贷记"财务费用——汇兑损益"科目,贷记或借记本科目。

(三)其他借入款项账务处理参照本科目使用说明中借入主权外债业务的账务处理。

四、本级政府财政首次确认以前年度借入的主权外债时,根据债务管理部门提供的有关资料,按照借入主权外债的余额,借记"以前年度盈余调整"科目,贷记本科目。

五、本科目期末贷方余额反映本级政府财政尚未偿还的借入款项本金。

2031 应付地方政府债券转贷款

一、本科目核算地方政府财政从上级政府财政借入地方政府债券转贷款的本金和利息。

二、本科目应设置"应付本金"和"应付利息"明细科目,其下可根据管理规定设置"地方政府一般债券""地方政府专项债券"等明细科目。其中,"应付利息"科目通常应根据债务管理部门计算并提供的政府债券转贷款的应付利息情况,按期进行核算。

三、应付地方政府债券转贷款的主要账务处理如下:

(一)上级政府财政转贷地方政府债券资金时,按照实际收到的金额或债务管理部门转来的相关资料，借记"国库存款"或"与上级往来"等科目，按照转贷本金金额，贷记本科目，按照其差额，借记或贷记有关费用科目。

（二）按期确认地方政府债券转贷款的应付利息时，根据债务管理部门计算确定的本期应付未付利息金额，借记"财务费用——利息费用"科目，贷记本科目。

（三）偿还本级政府财政承担的地方政府债券转贷款本息时，借记本科目，贷记"国库存款"等科目。

（四）上级政府财政扣缴地方政府债券转贷款本息时，借记本科目，贷记"与上级往来"等科目。

（五）上级政府财政豁免转贷款本息时，根据债务管理部门转来的有关资料及有关预算文件，按照豁免金额，借记本科目，贷记"补助收入"或"与上级往来"等科目。

四、本科目期末贷方余额反映本级政府财政尚未偿还的地方政府债券转贷款本金和利息。

2032 应付主权外债转贷款

一、本科目核算本级政府财政从上级政府财政借入主权外债转贷款的本金和利息。

二、本科目应设置"应付本金"和"应付利息"明细科目。债务管理部门应当设置辅助明细账，主要包括应付主权外债对应的项目、期限、借入日期、实际偿还及付息情况等内容，并按期计算外债存续期应负担的利息金额。

三、应付主权外债转贷款的主要账务处理如下：

（一）收到上级政府财政转贷的主权外债资金时，按照实际收到的金额借记"国库存款""其他财政存款"科目，按照实际承担的债务金额贷记本科目，按照实际收到的金额和承担的债务金额之间的差额，借记或贷记有关费用科目。

（二）从上级政府财政借入主权外债转贷款，且由外方或上级政府财政将贷款资金直接支付给用款单位或供应商时，应根据以下情况分别处理：

1.本级政府财政承担还款责任，贷款资金由本级政府财政同级部门使用的,根据债务管理部门转来的有关资料,借记有关费用科目,贷记本科目。

2.本级政府财政承担还款责任,贷款资金由下级政府财政同级部门使用的,根据债务管理部门转来的有关资料及有关预算文件,借记"补助费用"或"与下级往来"等科目,贷记本科目。

3.下级政府财政承担还款责任,贷款资金由下级政府财政同级部门使用的,根据债务管理部门转来的有关资料,借记"应收主权外债转贷款"科目,贷记本科目。

(三)按期确认主权外债转贷款的应付利息时,根据债务管理部门计算确认的转贷款本期应付未付利息金额,借记"财务费用——利息费用"科目,贷记本科目。

(四)偿还主权外债转贷款的本息时,借记本科目,贷记"国库存款""其他财政存款"等科目。

(五)上级政府财政扣缴借入主权外债转贷款的本息时,借记本科目,贷记"与上级往来"科目。

(六)上级政府财政豁免主权外债转贷款本息时,根据以下情况分别处理:

1.豁免本级政府财政承担偿还责任的主权外债转贷款本息时,根据债务管理部门转来的有关资料及有关预算文件,按照豁免转贷款的金额,借记本科目,贷记"补助收入"或"与上级往来"等科目。

2.豁免下级政府财政承担偿还责任的主权外债转贷款本息时,根据债务管理部门转来的有关资料及有关预算文件,按照豁免转贷款的金额,借记本科目,贷记"应收主权外债转贷款"科目,同时借记"补助费用"或"与下级往来"等科目,贷记"补助收入"或"与上级往来"科目。

(七)年末,根据债务管理部门提供的应付主权外债转贷款因汇率变动产生的期末人民币余额与账面余额之间的差额资料,借记或贷记"财务费用——汇兑损益"科目,贷记或借记本科目。

四、本级政府财政首次确认以前年度转贷的主权外债时,根据债务管理部门提供的有关资料,按照转贷主权外债本息余额,借记"以前年度盈余调整"科目,贷记本科目。

五、本科目期末贷方余额反映本级政府财政尚未偿还的主权外债转贷款本金和利息。

2041 其他负债

一、本科目核算政府财政因有关政策明确要求其承担支出责任的事项而形成的支付义务。

二、本科目可根据管理需要，按照项目等进行明细核算。

三、其他负债的主要账务处理如下：

（一）政策明确由政府财政承担支出责任的其他负债，按照确定应承担的负债金额，借记"其他费用"科目，贷记本科目。

（二）期末，根据债务管理部门转来的其他负债期末余额与账面余额的差额，借记或贷记本科目，贷记或借记"其他费用"科目。

四、本科目贷方余额反映政府财政承担的尚未支付的其他负债余额。

三、净资产类

3001 累计盈余

一、本科目核算政府财政纳入一般公共预算、政府性基金预算、国有资本经营预算管理的预算资金，财政专户管理资金、专用基金历年实现的盈余滚存的金额。

二、本科目应设置"预算管理资金累计盈余""财政专户管理资金累计盈余""专用基金累计盈余"明细科目。

三、累计盈余的主要账务处理如下：

（一）"预算管理资金累计盈余"科目的主要账务处理

1. 年终转账时，将"本期盈余——预算管理资金本期盈余"科目余额转入本科目，借记或贷记"预算管理资金本期盈余"科目，贷记或借记本科目。

2. 年终转账时，将"以前年度盈余调整——预算管理资金以前年度盈余调整"科目余额转入本科目，借记或贷记"以前年度盈余调整——预算管理资金以前年度盈余调整"科目，贷记或借记本科目。

3. 本科目期末余额反映预算管理资金累计盈余的累计数。

(二)"财政专户管理资金累计盈余"科目的主要账务处理

1. 年终转账时,将"本期盈余——财政专户管理资金本期盈余"科目余额转入本科目,借记或贷记"财政专户管理资金本期盈余"科目,贷记或借记本科目。

2. 年终转账时,将"以前年度盈余调整——财政专户管理资金以前年度盈余调整"科目余额转入本科目,借记或贷记"以前年度盈余调整——财政专户管理资金以前年度盈余调整"科目,贷记或借记本科目。

3. 本科目期末余额反映财政专户管理资金累计盈余的累计数。

(三)"专用基金累计盈余"科目的主要账务处理

1. 年终转账时,将"本期盈余——专用基金本期盈余"科目的余额转入本科目,借记或贷记"专用基金本期盈余"科目,贷记或借记本科目。

2. 年终转账时,将"以前年度盈余调整——专用基金以前年度盈余调整"科目的余额转入本科目,借记或贷记"以前年度盈余调整——专用基金以前年度盈余调整"科目,贷记或借记本科目。

3. 本科目期末余额反映专用基金累计盈余的累计数。

3011 本期盈余

一、本科目核算政府财政纳入一般公共预算、政府性基金预算、国有资本经营预算管理的资金,财政专户管理资金、专用基金本期各项收入、费用分别相抵后的余额。设置补充和动用预算稳定调节基金,设置补充预算周转金产生的盈余变动事项,也通过本科目核算。

二、本科目应设置"预算管理资金本期盈余""财政专户管理资金本期盈余""专用基金本期盈余"明细科目。

三、本期盈余的主要账务处理如下:

(一)"预算管理资金本期盈余"科目的账务处理

1. 年终转账时,将纳入一般公共预算、政府性基金预算、国有资本经营预算管理的各类收入科目本年发生额转入本科目的贷方,借记"税收收入""非税收入""投资收益""补助收入""上解收入""地区间援助收入""其他收入"科目,贷记本科目;将纳入一般公共预算、政府性基金预算、国有资本经营预算管理的各类费用科目本年发生额转入本科目的借方,借记本科目,贷记"政府机关商品和服务拨款费用""政府机关工资福利拨款费用""对事业单位补助拨款费用""对企业补助拨款费用""对个人和家庭补助拨款费用""对社会保障基金补助拨款费用""资本性拨款费用""其他拨款费用""财务费用""补助费用""上解费用""地区间援助费用""其他费用"科目。

2.设置或补充预算稳定调节基金时,借记本科目,贷记"预算稳定调节基金"科目;动用预算稳定调节基金时,借记"预算稳定调节基金"科目,贷记本科目。

3.设置或补充预算周转金时,借记本科目,贷记"预算周转金"科目。

4.完成上述结转后,将本科目余额转入累计盈余。如为借方余额,贷记本科目,借记"累计盈余—预算管理资金累计盈余"科目;如为贷方余额,借记本科目,贷记"累计盈余—预算管理资金累计盈余"科目。

5.期末结转后,本科目应无余额。

(二)"财政专户管理资金本期盈余"科目的账务处理

1.年终转账时,将财政专户管理资金收入的本年发生额转入本科目的贷方,借记"财政专户管理资金收入"科目,贷记本科目;将财政专户管理资金支出的本年发生额转入本科目的借方,借记本科目,贷记"财政专户管理资金支出"科目。

2.完成上述结转后,将本科目余额转入累计盈余。借记或贷记本科目,贷记或借记"累计盈余——财政专户管理资金累计盈余"科目。

3.期末结转后,本科目应无余额。

(三)"专用基金本期盈余"科目的账务处理

1.年终转账时,将专用基金收入的本年发生额转入本科目的贷方,借记"专用基金收入"科目,贷记本科目;将专用基金支出的本年发生额转入本科目的借方,借记本科目,贷记"专用基金支出"科目。

2.完成上述结转后,将本科目余额转入累计盈余。借记或贷记本科目,贷记或借记"累计盈余——专用基金累计盈余"科目。

3.期末结转后,本科目应无余额。

3021 预算稳定调节基金

一、本科目核算本级政府财政为保持年度间预算的衔接和稳定而设置的储备性资金。

二、预算稳定调节基金的主要账务处理如下：

（一）设置或补充预算稳定调节基金时，借记"本期盈余——预算管理资金本期盈余"科目，贷记本科目。

（二）将预算周转金调入预算稳定调节基金时，借记"预算周转金"科目，贷记本科目。

（三）动用预算稳定调节基金时，借记本科目，贷记"本期盈余——预算管理资金本期盈余"科目。

三、本科目期末贷方余额反映预算稳定调节基金的累计规模。

3022 预算周转金

一、本科目核算政府财政设置的用于调剂预算年度内季节性收支差额周转使用的资金。

二、预算周转金的主要账务处理如下：

（一）设置或补充预算周转金时，借记"本期盈余——预算管理资金本期盈余"科目，贷记本科目。

（二）将预算周转金调入预算稳定调节基金时，借记本科目，贷记"预算稳定调节基金"科目。

三、本科目期末贷方余额反映预算周转金的累计规模。

3041 权益法调整

一、本科目核算政府财政按照持股比例计算应享有的被投资主体除净损益和利润分配以外的所有者权益变动的份额。

二、本科目应根据管理需要，按照被投资主体进行明细核算。

三、权益法调整的主要账务处理如下：

（一）被投资主体发生除净损益和利润分配以外的其他权益变动时，按照政府财政持股比例计算应享有的部分，借记或贷记"股权投资（其他权益变动）"科目，贷记或借记本科目。

（二）处置股权投资或因企业破产清算导致股权投资减少时，按照相应的"权益法调整"账面余额，借记或贷记本科目，贷记或借记"股权投资（其他权益变动）"科目。

（三）无偿划出股权投资时，根据股权管理部门提供的资料，按照被划出股权投资对应的"权益法调整"科目账面余额,借记或贷记本科目,贷记或借记"股权投资(其他权益变动)"科目;按照被划出股权投资的账面余额,借记"其他费用"科目,贷记"股权投资(投资成本、损益调整)"科目。

(四)由于管理需要,股权投资的核算由权益法改为成本法的,按照"权益法调整"科目账面余额,借记或贷记本科目,贷记或借记"股权投资(其他权益变动)"科目;按照权益法下"股权投资(投资成本、损益调整)"科目账面余额作为成本法下"股权投资(投资成本)"账面余额,借记"股权投资(投资成本)"科目,贷记"股权投资(投资成本、损益调整)"科目。

四、本科目期末余额反映政府财政在被投资主体除净损益和利润分配以外的所有者权益变动中累计享有(或分担)的份额。

3051 以前年度盈余调整

一、本科目核算政府财政调整以前年度盈余的事项。

二、本科目应设置"预算管理资金以前年度盈余调整""财政专户管理资金以前年度盈余调整""专用基金以前年度盈余调整"明细科目。

三、以前年度盈余调整的主要账务处理如下:

(一)调整增加以前年度收入时,按照调整增加的金额,借记有关科目,贷记本科目;调整减少的,作相反会计分录。

(二)调整增加以前年度费用时,按照调整增加的金额,借记本科目,贷记有关科目;调整减少的,作相反会计分录。

(三)对于政府以前年度取得的资产或承担的负债,在本年初次确认时,借记有关资产科目或贷记有关负债科目,贷记或借记本科目。

(四)年终转账时,将本科目余额转入累计盈余,借记或贷记"累计盈余"科目,贷记或借记本科目。

四、期末结转后,本科目应无余额。

四、收入类

4001 税收收入

一、本科目核算政府财政筹集的纳入本级财政管理的税收收入。

二、本科目应参照《政府收支分类科目》中"税收收入"科目进行明细核算。

三、税收收入的主要账务处理如下：

（一）收到款项时，根据当日收入日报表所列本级税收收入数，借记"国库存款"科目，贷记本科目。

（二）年终转账时，本科目贷方余额转入本期盈余，借记本科目，贷记"本期盈余——预算管理资金本期盈余"科目。

四、本科目平时贷方余额反映本级政府财政税收收入的累计数。

五、期末结转后，本科目应无余额。

4002 非税收入

一、本科目核算政府财政筹集的纳入本级财政管理的非税收入。

二、本科目应参照《政府收支分类科目》中"非税收入"科目进行明细核算。

三、非税收入的主要账务处理如下：

（一）确认取得非税收入时

1. 按照实际收到的非税收入金额，借记"国库存款"科目，贷记本科目。

2. 全部实行非税收入电子化管理，非税收入管理部门具备条件提供已开具缴款票据、尚未缴入本级国库的非税收入数据的地区，按照本级应收的非税收入金额，借记"应收非税收入"科目，贷记本科目。

（二）期末，非税收入管理部门应提供已列应收非税收入中确认不能缴库的金额，借记本科目，贷记"应收非税收入"科目。

（三）年终转账时，本科目贷方余额转入本期盈余，借记本科目，贷记"本期盈余——预算管理资金本期盈余"科目。

四、本科目平时贷方余额反映本级政府财政非税收入的累计数。

五、期末结转后，本科目应无余额。

4011 投资收益

一、本科目核算政府股权投资所实现的收益或发生的损失。

二、本科目可根据管理需要，按照被投资主体进行明细核算。

三、投资收益的主要账务处理如下：

（一）采用权益法核算

1. 股权投资持有期间，被投资主体实现净损益的，根据股权管理部门提供的资料，按照应享有或应分担的被投资主体实现净损益的份额，借记或贷记"股权投资（损益调整）"科目，贷记或借记本科目。

2. 处置股权投资时，根据股权管理部门提供的资料，按照处置收回的金额，借记"国库存款"科目，按照已宣告尚未领取的现金股利或利润，贷记"应收股利"科目，按照被处置股权投资的账面余额，贷记"股权投资（投资成本、损益调整）"科目，按照借贷方差额，贷记或借记本科目；同时，按照被处置股权投资对应的"权益法调整"科目账面余额，借记或贷记"权益法调整"科目，贷记或借记"股权投资（其他权益变动）"科目。

3. 企业破产清算时，按照缴入国库清算收入的金额，借记"国库存款"科目，按照破产清算股权投资的账面余额，贷记"股权投资（投资成本、损益调整）"科目，按照其差额，借记或贷记本科目；同时，按照破产清算企业股权投资对应的"权益法调整"科目账面余额，借记或贷记"权益法调整"科目，贷记或借记"股权投资（其他权益变动）"科目。

（二）采用成本法核算

1. 股权投资持有期间，被投资主体宣告发放现金股利或利润的，根据股权管理部门提供的资料，按照应上缴政府财政的部分，借记"应收股利"科目，贷记本科目。

2. 收到现金股利或利润时，按照实际收到的金额，借记"国库存款"科目，贷记"应收股利"科目；按照实际收到金额中未宣告发放的现金股利或利润，借记"应收股利"科目，贷记本科目。

3. 处置股权投资时，按照收回的金额，借记"国库存款"科目，按照已宣告尚未领取的现金股利或利润，贷记"应收股利"科目，按照股权投资账面余额，贷记"股权投资（投资成本）"科目，按照借贷方差额，贷记或借记本科目。

4. 企业破产清算时，根据股权管理部门提供的资料，按照缴入国库清算收入的金额，借记"国库存款"科目，按照破产清算股权投资的账面余额，贷记"股权投资（投资成本）"科目，按照其差额，借记或贷记本科目。

四、年终转账时，本科目余额转入本期盈余，借记或贷记本科目，贷记或借记"本期盈余——预算管理资金本期盈余"科目。

五、期末结转后，本科目应无余额。

4021 补助收入

一、本科目核算上级政府财政按照财政体制规定或专项需要补助给本级政府财政的款项，包括税收返还、转移支付等。

二、补助收入的主要账务处理如下：

（一）年终与上级政府财政结算时，按照结算确认的应当由上级政府补助的收入数，借记"与上级往来"科目，贷记本科目。退还或核减补助收入时，借记本科目，贷记"与上级往来"科目。

（二）年终转账时，本科目贷方余额转入本期盈余，借记本科目，贷记"本期盈余——预算管理资金本期盈余"科目。

三、本科目平时贷方余额反映本级政府财政取得补助收入的累计数。

四、期末结转后，本科目应无余额。

4022 上解收入

一、本科目核算按照财政体制规定或专项需要由下级政府财政上交给本级政府财政的款项。

二、本科目可根据管理需要，按照上解地区进行明细核算。

三、上解收入的主要账务处理如下：

（一）年终与下级政府财政结算时，按照结算确认的应上解金额，借记"与下级往来"科目，贷记本科目。退还或核减上解收入时，借记本科目，贷记"与下级往来"科目。

（二）年终转账时，本科目贷方余额转入本期盈余，借记本科目，贷记"本期盈余——预算管理资金本期盈余"科目。

四、本科目平时贷方余额反映上解收入的累计数。

五、期末结转后，本科目应无余额。

4023 地区间援助收入

一、本科目核算受援方政府财政收到援助方政府财政转来的可统筹使用的各类援助、捐赠等资金收入。援助方政府已列"地区间援助费用"科目的援助、捐赠等资金，受援方通过本科目核算。

二、本科目可根据管理需要，按照援助地区等进行明细核算。

三、地区间援助收入的主要账务处理如下：

（一）收到援助方政府财政转来的资金时，借记"国库存款"科目，贷记本科目。

（二）年终转账时，本科目贷方余额转入本期盈余，借记本科目，贷记"本期盈余——预算管理资金本期盈余"科目。

四、本科目平时贷方余额反映地区间援助收入的累计数。

五、期末结转后，本科目应无余额。

4031 其他收入

一、本科目核算政府财政除税收收入、非税收入、投资收益、补助收入、上解收入、地区间援助收入、财政专户管理资金收入、专用基金收入以外的各项收入，包括从其他渠道调入资金、豁免主权外债偿还责任以及无偿取得股权投资等产生的收入。

二、本科目可根据管理需要，按照其他收入类别等进行明细核算。

三、其他收入的主要账务处理如下：

（一）从其他渠道调入资金时，按照调入的金额，借记"国库存款"科目，贷记本科目。

（二）债权人豁免政府财政承担的主权外债时，政府财政按照减少的债务金额，借记"借入款项"等科目，贷记本科目。

（三）无偿划入股权投资时，账务处理参照"股权投资"科目使用说明中权益法和成本法下对应业务的账务处理。

（四）年终转账时，本科目贷方余额转入本期盈余。借记本科目，贷记"本期盈余——预算管理资金本期盈余"科目。

四、本科目平时贷方余额反映本级政府财政其他收入的累计数。

五、期末结转后，本科目应无余额。

4041 财政专户管理资金收入

一、本科目核算政府财政纳入财政专户管理的教育收费等资金收入。

二、本科目可根据管理需要，按照预算单位等进行明细核算。

三、财政专户管理资金收入的主要账务处理如下：

（一）收到财政专户管理资金时，借记"其他财政存款"科目，贷记本科目。

（二）年终转账时，本科目贷方余额转入本期盈余，借记本科目，贷记"本期盈余——财政专户管理资金本期盈余"科目。

四、本科目平时贷方余额反映财政专户管理资金收入的累计数。

五、期末结转后，本科目应无余额。

4042 专用基金收入

一、本科目核算政府财政按照法律法规和国务院、财政部规定设置或取得的粮食风险基金等专用基金收入。

二、本科目可根据管理需要，按照专用基金的种类进行明细核算。

三、专用基金收入的主要账务处理如下：

（一）取得专用基金收入转入财政专户时，借记"其他财政存款"科目，贷记本科目。退回取得的专用基金收入时，借记本科目，或"以前年度盈余调整——专用基金以前年度盈余调整"科目，贷记"其他财政存款"科目。

（二）通过费用安排取得专用基金收入仍留存国库的，借记有关费用科目，贷记"专用基金收入"科目。

（三）年终转账时，本科目贷方余额转入本期盈余，借记本科目，贷记"本期盈余——专用基金本期盈余"科目。

四、本科目平时贷方余额反映本级政府财政专用基金收入的累计数。

五、期末结转后，本科目应无余额。

五、费用类

5001 政府机关商品和服务拨款费用

一、本科目核算本级政府财政拨付给机关和参公事业单位购买商品和服务的各类费用，不包括用于购置固定资产、战略性和应急性物资储备等资本性拨款费用。

二、本科目可根据管理需要，参照《政府收支分类科目》中支出经济分类科目，按照预算单位和项目等进行明细核算。

三、政府机关商品和服务拨款费用的主要账务处理如下：

（一）实际发生政府机关商品和服务拨款费用时，借记本科目，贷记"国库存款"科目。

（二）当年政府机关商品和服务拨款费用发生退回时，按照实际收到的退回金额，借记"国库存款"科目，贷记本科目。

（三）年终转账时，本科目借方余额转入本期盈余，借记"本期盈余——预算管理资金本期盈余"科目，贷记本科目。

四、本科目平时借方余额反映本级政府机关商品和服务拨款费用的累计数。

五、期末结转后，本科目应无余额。

5002 政府机关工资福利拨款费用

一、本科目核算本级政府财政拨付给机关和参公事业单位在职职工和编制外长期聘用人员的各类劳动报酬及为上述人员缴纳的各项社会保险费等费用。

二、本科目可根据管理需要，参照《政府收支分类科目》中支出经济分类科目，按照预算单位和项目等进行明细核算。

三、政府机关工资福利拨款费用的主要账务处理如下：

（一）实际发生政府机关工资福利拨款费用时，借记本科目，贷记"国库存款"科目。

（二）当年政府机关工资福利拨款费用发生退回时，按照实际收到的退回金额，借记"国库存款"科目，贷记本科目。

（三）年终转账时，本科目借方余额转入本期盈余，借记"本期盈余——预算管理资金本期盈余"科目，贷记本科目。

四、本科目平时借方余额反映本级政府机关工资福利拨款费用的累计数。

五、期末结转后，本科目应无余额。

5003 对事业单位补助拨款费用

一、本科目核算本级政府财政拨付的对事业单位（不含参公事业单位）的经常性补助费用，不包括对事业单位的资本性拨款费用。

二、本科目可根据管理需要，参照《政府收支分类科目》中支出经济分类科目，按照预算单位和项目等进行明细核算。

三、对事业单位补助拨款费用的主要账务处理如下：

（一）实际发生对事业单位补助拨款费用时，借记本科目，贷记"国库存款"科目。

（二）当年对事业单位补助拨款费用发生退回时，按照实际收到的退回金额，借记"国库存款"科目，贷记本科目。

（三）年终转账时，本科目借方余额转入本期盈余，借记"本期盈余——预算管理资金本期盈余"科目，贷记本科目。

四、本科目平时借方余额反映本级政府财政对事业单位补助拨款费用的累计数。

五、期末结转后，本科目应无余额。

5004 对企业补助拨款费用

一、本科目核算本级政府财政拨付的对各类企业的补助费用，不包括对企业的资本金注入和资本性拨款费用。

二、本科目可根据管理需要，参照《政府收支分类科目》中支出经济分类科目，按照预算单位和项目等进行明细核算。

三、对企业补助拨款费用的主要账务处理如下：

（一）实际发生对企业补助拨款费用时，借记本科目，贷记"国库存款"科目。

（二）当年对企业补助拨款费用发生退回时，按照实际收到的退回金额，借记"国库存款"科目，贷记本科目。

（三）年终转账时，本科目借方余额转入本期盈余，借记"本期盈余——预算管理资金本期盈余"科目，贷记本科目。

四、本科目平时借方余额反映本级政府财政对企业补助拨款费用的累计数。

五、期末结转后，本科目应无余额。

5005 对个人和家庭补助拨款费用

一、本科目核算本级政府财政拨付的对个人和家庭的补助费用。

二、本科目可根据管理需要，参照《政府收支分类科目》中支出经济分类科目，按照预算单位和项目等进行明细核算。

三、对个人和家庭补助拨款费用的主要账务处理如下：

（一）实际发生对个人和家庭补助拨款费用时，借记本科目，贷记"国库存款"科目。

（二）当年对个人和家庭补助拨款费用发生退回时，按照实际收到的金额，借记"国库存款"科目，贷记本科目。

（三）年终转账时，本科目借方余额转入本期盈余，借记"本期盈余——预算管理资金本期盈余"科目，贷记本科目。

四、本科目平时借方余额反映本级政府财政对个人和家庭补助拨款费用的累计数。

五、期末结转后，本科目应无余额。

5006 对社会保障基金补助拨款费用

一、本科目核算本级政府财政拨付的对社会保险基金的补助费用，以及补充全国社会保障基金的费用。

二、本科目可根据管理需要，参照《政府收支分类科目》中支出经济分类科目，按照预算单位和项目等进行明细核算。

三、对社会保障基金补助拨款费用的主要账务处理如下：

（一）实际发生对社会保障基金补助拨款费用时，借记本科目，贷记"国库存款"科目。

（二）当年对社会保障基金补助拨款费用发生退回时，按照实际收到的金额，借记"国库存款"科目，贷记本科目。

（三）年终转账时，本科目借方余额转入本期盈余，借记"本期盈余——预算管理资金本期盈余"科目，贷记本科目。

四、本科目平时借方余额反映本级政府财政对社会保障基金补助拨款费用的累计数。

五、期末结转后，本科目应无余额。

5007 资本性拨款费用

一、本科目核算政府财政拨付给行政事业单位和企业的资本性拨款费用，不包括对企业的资本金注入。

二、本科目可根据管理需要，参照《政府收支分类科目》中支出经济分类科目，按照预算单位和项目等进行明细核算。

三、资本性拨款费用的主要账务处理如下：

（一）实际发生资本性拨款费用时，借记本科目，贷记"国库存款"科目。

（二）当年资本性拨款费用发生退回时，按照实际退回的金额，借记"国库存款"科目，贷记本科目。

（三）年终转账时，本科目借方余额转入本期盈余，借记"本期盈余——预算管理资金本期盈余"科目，贷记本科目。

四、本科目平时借方余额反映本级政府财政资本性拨款费用的累计数。

五、期末结转后，本科目应无余额。

5008 其他拨款费用

一、本科目核算本级政府财政拨付的经常性赠与、国家赔偿费用、对民间非营利组织和群众性自治组织补贴等拨款费用。

二、本科目可根据管理需要，参照《政府收支分类科目》中支出经济分类科目，按照预算单位和项目等进行明细核算。

三、其他拨款费用的主要账务处理如下：

（一）实际发生其他拨款费用时，借记本科目，贷记"国库存款"科目。

（二）当年其他拨款费用发生退回时，按照实际收到的退回金额，借记"国库存款"科目，贷记本科目。

（三）年终转账时，本科目借方余额转入本期盈余，借记"本期盈余——预算管理资金本期盈余"科目，贷记本科目。

四、本科目平时借方余额反映本级政府财政其他拨款费用的累计数。

五、期末结转后，本科目应无余额。

5011 财务费用

一、本科目核算本级政府财政用于偿还政府债务利息费用，政府债务发行、兑付、登记费用，以外币计算的政府资产及债务由于汇率变化产生的汇兑损益等。

二、本科目应设置"利息费用""债务发行兑付费用""汇兑损益"明细科目。

三、财务费用的主要账务处理如下：

（一）利息费用的主要账务处理

1. 按期计提利息费用时，根据债务管理部门计算确定的本期应支付利息金额，借记本科目，贷记"应付利息""应付地方政府债券转贷款——应付利息""应付主权外债转贷款——应付利息"等科目。

2. 中央财政发生国债随卖业务时，账务处理参照"应付短期政府债券"科目使用说明中国债随卖业务的账务处理。

3. 中央财政发生国债随买业务时，账务处理参照"应付短期政府债券"科目使用说明中国债随买业务的账务处理。

4. 提前赎回已发行的政府债券、债权人豁免政府财政承担的主权外债应付利息时，按照减少的当年已计提应付利息金额，借记"应付利息""应付地方政府债券转贷款——应付利息""应付主权外债转贷款——应付利息"等科目，贷记本科目。

（二）债务发行兑付费用的主要账务处理

1. 支付政府债务发行、兑付、登记款项时，按照实际支付的金额，借记本科目，贷记"国库存款"科目。

2. 收到或扣缴下级政府财政应承担的政府债务发行、兑付、登记款项时，按照实际收到或扣缴的金额，借记"国库存款""其他财政存款""与下级往来"等科目,贷记本科目。

（三）汇兑损益的主要账务处理

1. 期末，将所有以外币计算的政府资产按期末汇率折算为人民币金额，折算后的金额小于账面余额时，按照折算差额，借记本科目，贷记"其他财政存款""应收主权外债转贷款"等科目；折算后的金额大于账面余额时，按照折算差额，借记"其他财政存款""应收主权外债转贷款"科目，贷记本科目。

2. 期末，将所有以外币计算的借入款项、政府债券、主权外债转贷款、应付利息等政府负债按期末汇率折算为人民币金额，折算后的金额小于账面余额时，按照折算差额，借记"借入款项""应付长期政府债券""应付主权外债转贷款""应付利息"等科目，贷记本科目；折算后的金额大于账面余额时，按照折算差额，借记本科目，贷记"借入款项""应付长期政府债券""应付主权外债转贷款""应付利息"等科目。

（四）年终转账时，本科目借方或贷方余额转入本期盈余，借记或贷记"本期盈余——预算管理资金本期盈余"科目，贷记或借记本科目。

四、本科目平时借方余额反映本级政府财政财务费用的累计数。

五、期末结转后，本科目应无余额。

5021 补助费用

一、本科目核算本级政府财政按财政体制规定或专项需要补助给下级政府财政的款项，包括对下级的税收返还、一般性转移支付和专项转移支付等。

二、本科目可根据管理需要，按照补助地区进行明细核算。

三、补助费用的主要账务处理如下：

（一）年终与下级政府财政结算时，按照结算确认的应当补助下级政府的费用数，借记本科目，贷记"与下级往来"科目。退还或核减补助费用时，借记"与下级往来"科目，贷记本科目。

（二）专项转移支付资金实行特设专户管理的，根据有关支出管理部门下达的预算文件和拨款依据确认费用，借记本科目或"与下级往来"科目；资金由本级政府财政拨付给下级的，贷记"其他财政存款"等科目；资金由上级政府财政直接拨给下级的，贷记"与上级往来"或"补助收入"科目。

（三）年终转账时，本科目借方余额转入本期盈余，借记"本期盈余——

预算管理资金本期盈余"科目，贷记本科目。

四、本科目平时借方余额反映本级政府财政对下级补助费用的累计数。

五、期末结转后，本科目应无余额。

5022 上解费用

一、本科目核算本级政府财政按照财政体制规定或专项需要上解给上级政府财政的款项。

二、本科目可根据管理需要按照项目等进行明细核算。

三、上解费用的主要账务处理如下：

（一）年终与上级政府财政结算时，按照结算确认的应当上解费用数，借记本科目，贷记"与上级往来"科目。退还或核减上解费用时，借记"与上级往来"等科目，贷记本科目。

（二）年终转账时，本科目借方余额转入本期盈余，借记"本期盈余——预算管理资金本期盈余"科目，贷记本科目。

四、本科目平时借方余额反映本级政府财政上解费用的累计数。

五、期末结转后，本科目应无余额。

5023 地区间援助费用

一、本科目核算援助方政府财政安排用于受援方政府财政统筹使用的各类援助、补偿、捐赠等。

二、本科目可根据管理需要，按照受援地区等进行明细核算。

三、地区间援助费用的主要账务处理如下：

（一）发生地区间援助费用时，借记本科目，贷记"国库存款"科目。

（二）年终转账时，本科目借方余额转入本期盈余，借记"本期盈余——预算管理资金本期盈余"科目，贷记本科目。

四、本科目平时借方余额反映地区间援助费用的累计数。

五、期末结转后，本科目应无余额。

5031 其他费用

一、本科目核算本级政府财政无偿划出股权投资时产生的投资损失、政府财政承担支出责任的其他负债等。

二、本科目可根据管理需要，按照类别进行明细核算。

三、其他费用的主要账务处理如下：

（一）政府财政无偿划出股权投资时，根据股权管理部门提供的资料，按照被划出股权投资对应的"权益法调整"科目账面余额，借记或贷记"权益法调整"科目，贷记或借记"股权投资（其他权益变动）"科目；按照被划出股权投资的账面余额，借记本科目，贷记"股权投资（投资成本、损益调整）"科目。

（二）政府财政承担支出责任的其他负债，按照确定应承担的负债金额，借记本科目，贷记"其他负债"科目。

（三）无偿划出股权投资时，账务处理参照"股权投资"科目使用说明中权益法和成本法下对应业务的账务处理。

（四）年终转账时，本科目借方余额转入本期盈余，借记"本期盈余——预算管理资金本期盈余"科目，贷记本科目。

四、本科目平时借方余额反映本级政府财政其他费用的累计数。

五、期末结转后，本科目应无余额。

5041 财政专户管理资金支出

一、本科目核算本级政府财政用纳入财政专户管理的教育收费等资金安排的支出。

二、本科目可根据管理需要，按照预算单位等进行明细核算。

三、财政专户管理资金支出的主要账务处理如下：

（一）发生财政专户管理资金支出时，借记本科目，贷记"其他财政存款"等科目。

（二）当年记入的财政专户管理资金支出发生退回时，按照实际退回的金额，借记"其他财政存款"科目，贷记本科目。

（三）以前年度财政专户管理资金支出发生退回时，按照实际退回的金额，借记"其他财政存款"科目，贷记"以前年度盈余调整——财政专户管理资金以前年度盈余调整"科目。

（四）年终转账时，本科目借方余额转入本期盈余，借记"本期盈余——

财政专户管理资金本期盈余"科目，贷记本科目。

四、本科目平时借方余额反映财政专户管理资金支出的累计数。

五、期末结转后，本科目应无余额。

5042 专用基金支出

一、本科目核算本级政府财政用专用基金收入安排的支出。

二、本科目可根据管理需要，按照专用基金种类、预算单位等进行明细核算。

三、专用基金支出的主要账务处理如下：

（一）发生专用基金支出时，借记本科目，贷记"其他财政存款"等科目。

（二）当年专用基金支出发生退回时，按照实际退回的金额，借记"其他财政存款"等科目，贷记本科目。

（三）以前年度专用基金支出发生退回时，按照实际退回的金额，借记"其他财政存款"等科目，贷记"以前年度盈余调整——专用基金以前年度盈余调整"科目。

（四）年终转账时，本科目借方余额转入本期盈余，借记"本期盈余——专用基金本期盈余"科目，贷记本科目。

四、本科目平时借方余额反映专用基金支出的累计数。

五、期末结转后，本科目应无余额。

第四十二条 预算会计科目使用说明如下：

六、预算收入类

6001 一般公共预算收入

一、本科目核算政府财政筹集的纳入本级一般公共预算管理的税收收入和非税收入。

二、本科目应根据《政府收支分类科目》中"一般公共预算收入"科目进行明细核算。

三、一般公共预算收入的主要账务处理如下：

（一）收到款项时，根据当日预算收入日报表所列一般公共预算本级收入数，借记"资金结存——库款资金结存"科目，贷记本科目。

（二）年终转账时，本科目贷方余额转入一般公共预算结转结余，借记本科目，贷记"一般公共预算结转结余"科目。

四、本科目平时贷方余额反映本级一般公共预算收入的累计数。

五、期末结转后，本科目应无余额。

6002 政府性基金预算收入

一、本科目核算政府财政筹集的纳入本级政府性基金预算管理的非税收入。

二、本科目应根据《政府收支分类科目》中"政府性基金预算收入"科目进行明细核算。

三、政府性基金预算收入的主要账务处理如下：

（一）收到款项时，根据当日预算收入日报表所列政府性基金预算本级收入数，借记"资金结存——库款资金结存"科目，贷记本科目。

（二）年终转账时，本科目贷方余额转入政府性基金预算结转结余，借记本科目，贷记"政府性基金预算结转结余"科目。

四、本科目平时贷方余额反映本级政府性基金预算收入的累计数。

五、期末结转后，本科目应无余额。

6003 国有资本经营预算收入

一、本科目核算政府财政筹集的纳入本级国有资本经营预算管理的非税收入。

二、本科目应根据《政府收支分类科目》中"国有资本经营预算收入"科目进行明细核算。

三、国有资本经营预算收入的主要账务处理如下：

（一）收到款项时，根据当日预算收入日报表所列国有资本经营预算本级收入数，借记"资金结存——库款资金结存"科目，贷记本科目。

（二）年终转账时，本科目贷方余额转入国有资本经营预算结转结余，借记本科目，贷记"国有资本经营预算结转结余"科目。

四、本科目平时贷方余额反映本级国有资本经营预算收入的累计数。

五、期末结转后，本科目应无余额。

6005 财政专户管理资金收入

一、本科目核算政府财政纳入财政专户管理的教育收费等资金收入。

二、本科目应根据《政府收支分类科目》中收入分类科目进行明细核算。同时，根据管理需要，按预算单位等进行明细核算。

三、财政专户管理资金收入的主要账务处理如下：

（一）收到财政专户管理资金收入时，借记"资金结存——专户资金结存"科目，贷记本科目。

（二）年终转账时，本科目贷方余额转入财政专户管理资金结余，借记本科目，贷记"财政专户管理资金结余"科目。

四、本科目平时贷方余额反映财政专户管理资金收入的累计数。

五、期末结转后，本科目应无余额。

6007 专用基金收入

一、本科目核算本级政府财政按照法律法规和国务院、财政部规定设置或取得的粮食风险基金等专用基金收入。

二、本科目应按照专用基金种类进行明细核算。

三、专用基金收入的主要账务处理如下：

（一）通过预算支出安排取得专用基金收入并将资金转入财政专户的，借记"资金结存——专户资金结存"科目，贷记本科目；同时，借记"一般公共预算支出"等科目，贷记"资金结存——库款资金结存"等科目。退回专用基金收入时，做相反的会计分录。

（二）通过预算支出安排取得专用基金收入，资金仍留存国库的，借记"一般公共预算支出"等科目，贷记本科目。

（三）年终转账时，本科目贷方余额转入专用基金结余，借记本科目，贷记"专用基金结余"科目。

四、本科目平时贷方余额反映取得专用基金收入的累计数。

五、期末结转后，本科目应无余额。

6011 补助预算收入

一、本科目核算上级政府财政按照财政体制规定或专项需要补助给本级政府财政的款项,包括税收返还、一般性转移支付和专项转移支付等。

二、本科目下应设置"一般公共预算补助收入""政府性基金预算补助收入""国有资本经营预算补助收入""上级调拨"明细科目,可根据《政府收支分类科目》规定进行明细核算。其中,"一般公共预算补助收入"科目核算本级政府财政收到上级政府财政的一般公共预算转移支付收入;"政府性基金预算补助收入"科目核算本级政府财政收到上级政府财政的政府性基金转移支付收入;"国有资本经营预算补助收入"科目核算本级政府财政收到上级政府财政的国有资本经营预算转移支付收入;"上级调拨"科目核算年度执行中,本级政府财政收到暂不能明确资金类别的上级政府财政调拨资金或按年终结算应确认事项金额。

三、补助预算收入的主要账务处理如下:

(一)年度执行中,收到上级政府财政调拨的资金时,按照实际收到的金额,借记"资金结存——库款资金结存"科目,贷记"补助预算收入——上级调拨"等科目。

专项转移支付资金实行特设专户管理的,收到资金时按照实际收到的金额,借记"资金结存——专户资金结存"科目,贷记"补助预算收入——上级调拨"科目。

有主权外债业务的财政部门,贷款资金由本级政府财政同级预算单位使用,且贷款的最终还款责任由上级政府财政承担的,本级政府财政部门收到贷款资金时,借记"资金结存——专户资金结存"科目,贷记"补助预算收入——上级调拨"科目;外方或上级政府财政将贷款资金直接支付给供应商或用款单位时,借记"一般公共预算支出"科目,贷记"补助预算收入——上级调拨"等科目;上级政府财政豁免本级政府财政主权外债,根据债务管理部门提供的有关资料和有关预算文件,借记"资金结存——上下级调拨结存"科目,贷记"补助预算收入——上级调拨"科目。

(二)根据预算管理需要,本级政府财政向上级政府财政归还资金时,按照实际转出的金额,借记"补助预算收入——上级调拨"科目,贷记"资金结存——库款资金结存"科目。

（三）年终两级财政办理结算以后，根据预算管理部门提供的结算单确认上级补助预算收入，借记"补助预算收入——上级调拨"科目，贷记"补助预算收入——一般公共预算补助收入""补助预算收入——政府性基金预算补助收入""补助预算收入——国有资本经营预算补助收入"等科目；两级财政年终结算中发生应上交上级政府财政款项时，借记"上解预算支出"等科目，贷记"补助预算收入——上级调拨"等科目。

（四）完成上述结转以后，将本科目下各明细科目余额分别结转至相应的预算结余类科目，借记本科目，贷记"一般公共预算结转结余""政府性基金预算结转结余""国有资本经营预算结转结余""资金结存——上下级调拨结存"等科目。

四、本科目平时贷方余额反映本级政府财政收到上级政府财政调拨资金的累计数。

五、期末结转后，本科目应无余额。

6012 上解预算收入

一、本科目核算按照财政体制规定或专项需要由下级政府财政上交给本级政府财政的款项。

二、本科目下应按照不同资金性质设置"一般公共预算上解收入""政府性基金预算上解收入""国有资本经营预算上解收入"明细科目，并按照上解地区进行明细核算。

三、上解预算收入的主要账务处理如下：

（一）年终与下级政府财政结算时，根据预算管理部门提供的有关资料，按照尚未收到的上解款金额，借记"补助预算支出——调拨下级"科目，贷记本科目。

（二）年终转账时，本科目贷方余额应根据不同资金性质分别转入相应的结转结余科目，借记本科目，贷记"一般公共预算结转结余""政府性基金预算结转结余""国有资本经营预算结转结余"等科目。

四、本科目平时贷方余额反映上解收入的累计数。

五、期末结转后，本科目应无余额。

6013 地区间援助预算收入

一、本科目核算受援方政府财政收到援助方政府财政转来的可统筹使用的各类援助、捐赠等资金收入。援助方政府已列"地区间援助预算支出"的援助、捐赠等资金，受援方通过本科目核算。

二、本科目应根据管理需要，按照援助地区等进行明细核算。

三、地区间援助预算收入的主要账务处理如下：

（一）收到援助方政府财政转来的资金时，借记"资金结存——库款资金结存"科目，贷记本科目。

（二）年终转账时，本科目贷方余额转入一般公共预算结转结余，借记本科目，贷记"一般公共预算结转结余"科目。

四、本科目平时贷方余额反映地区间援助收入的累计数。

五、期末结转后，本科目应无余额。

6021 调入预算资金

一、本科目核算政府财政为平衡某类预算收支、从其他类型预算资金及其他渠道调入的资金。

二、本科目下应按照不同资金性质设置"一般公共预算调入资金""政府性基金预算调入资金"明细科目。

三、调入预算资金的主要账务处理如下：

（一）从其他类型预算资金及其他渠道调入一般公共预算时，按照调入或实际收到的金额，借记"调出预算资金——政府性基金预算调出资金""调出预算资金——国有资本经营预算调出资金""资金结存——库款资金结存"等科目，贷记"调入预算资金——一般公共预算调入资金"科目。

（二）从其他类型预算资金及其他渠道调入政府性基金预算时，按照调入或实际收到的资金金额，借记"资金结存——库款资金结存"等科目，贷记"调入预算资金——政府性基金预算调入资金"科目。

（三）年终转账时，本科目贷方余额按明细科目分别转入相应的结转结余科目，借记本科目，贷记"一般公共预算结转结余""政府性基金预算结转结余"等科目。

四、本科目平时贷方余额反映调入预算资金的累计数。

五、期末结转后，本科目无余额。

6031 动用预算稳定调节基金

一、本科目核算政府财政为弥补本年度预算资金不足，动用的预算稳定调节基金。

二、动用预算稳定调节基金的主要账务处理如下：

（一）动用预算稳定调节基金时，借记"预算稳定调节基金"科目，贷记本科目。

（二）年终转账时，本科目贷方余额转入一般公共预算结转结余，借记本科目，贷记"一般公共预算结转结余"科目。

三、本科目平时贷方余额反映动用预算稳定调节基金的累计数。

四、期末结转后，本科目应无余额。

6041 债务预算收入

一、本科目核算政府财政根据法律法规等规定，通过发行债券、向外国政府和国际金融组织借款等方式筹集的纳入预算管理的债务收入。

二、本科目应设置"国债收入""一般债务收入"和"专项债务收入"明细科目，并根据《政府收支分类科目》中"债务收入"科目进行明细核算。

三、债务预算收入的主要账务处理如下：

（一）省级以上（含省级）政府财政收到政府债券发行收入时，按照实际收到的金额，借记"资金结存——库款资金结存"科目，按照政府债券实际发行额，贷记本科目，按照其差额，借记或贷记有关支出科目。

（二）中央财政发生国债随卖业务时，按照实际收到的金额，借记"资金结存——库款资金结存"科目；根据国债随卖确认文件等相关债券管理资料，按照国债随卖面值，贷记本科目，按照实际收到金额与面值的差额，借记或贷记"一般公共预算支出"科目。

（三）按定向承销方式发行的政府债券，根据债务管理部门转来的债券发行文件等有关资料进行确认，由本级政府财政承担还款责任，贷款资金由本级政府财政同级部门使用的，借记"债务还本预算支出"科目，贷记本科目；

转贷下级政府财政的，借记"债务转贷预算支出"科目，贷记本科目。

（四）政府财政向外国政府、国际金融组织等机构借款时，按照实际提款的外币金额和即期汇率折算的人民币金额，借记"资金结存——库款资金结存""资金结存——专户资金结存"等科目，贷记本科目。

（五）本级政府财政借入主权外债，且由外方或上级政府财政将贷款资金直接支付给用款单位或供应商时，应根据以下情况分别处理：

1. 本级政府财政承担还款责任，贷款资金由本级政府财政同级部门使用的，本级政府财政根据贷款资金支付有关资料，借记"一般公共预算支出"科目，贷记本科目。

2. 本级政府财政承担还款责任，贷款资金由下级政府财政同级部门使用的，本级政府财政根据贷款资金支付有关资料及预算文件，借记"补助预算支出——调拨下级"等科目，贷记本科目。

3. 下级政府财政承担还款责任，贷款资金由下级政府财政同级部门使用的，本级政府财政根据贷款资金支付有关资料，借记"债务转贷预算支出"科目，贷记本科目

（六）年终转账时，本科目下"国债收入""一般债务收入"的贷方余额转入一般公共预算结转结余，借记"债务预算收入——国债收入""债务预算收入——一般债务收入"科目，贷记"一般公共预算结转结余"科目；本科目下"专项债务收入"的贷方余额转入政府性基金预算结转结余，借记"债务预算收入——专项债务收入"科目，贷记"政府性基金预算结转结余"科目，可根据预算管理需要，按照专项债务对应的政府性基金预算收入科目分别转入"政府性基金预算结转结余"相应明细科目。

四、本科目平时贷方余额反映债务预算收入的累计数。

五、期末结转后，本科目应无余额。

6042 债务转贷预算收入

一、本科目核算省级以下（不含省级）政府财政收到上级政府财政转贷的债务收入。

二、本科目应设置"一般债务转贷收入""专项债务转贷收入"明细科目，并根据《政府收支分类科目》中"债务转贷收入"科目进行明细核算。

三、债务转贷预算收入的主要账务处理如下：

（一）省级以下（不含省级）政府财政收到地方政府债券转贷收入时，按照实际收到的金额或债务管理部门确认的金额，借记"资金结存——库款资金结存""补助预算收入——上级调拨"等科目，贷记本科目；实际收到的金额与债务管理部门确认的到期应偿还转贷款本金之间的差额，借记或贷记有关支出科目。

（二）实行定向承销方式转贷的地方政府债券，省级以下（不含省级）政府财政根据债务管理部门提供的有关资料进行确认，借记"债务还本预算支出"科目，贷记本科目。

（三）省级以下（不含省级）政府财政收到主权外债转贷收入的具体账务处理如下：

1. 本级财政收到主权外债转贷资金时，借记"资金结存——库款资金结存""资金结存——专户资金结存"科目，贷记本科目。

2. 从上级政府财政借入主权外债转贷款，且由外方或上级政府财政将贷款资金直接支付给用款单位或供应商时，应根据以下情况分别处理：

（1）本级政府财政承担还款责任，贷款资金由本级政府财政同级部门使用的，本级政府财政根据贷款资金支付有关资料，借记"一般公共预算支出"科目，贷记本科目。

（2）本级政府财政承担还款责任，贷款资金由下级政府财政同级部门使用的，本级政府财政根据贷款资金支付有关资料及预算文件，借记"补助预算支出——调拨下级"等科目，贷记本科目。

（3）下级政府财政承担还款责任，贷款资金由下级政府财政同级部门使用的，本级政府财政根据转贷资金支付有关资料，借记"债务转贷预算支出"科目，贷记本科目；下级政府财政根据贷款资金支付有关资料，借记"一般公共预算支出"科目，贷记本科目。

（四）年终转账时，本科目下"一般债务转贷收入"明细科目的贷方余额转入一般公共预算结转结余，借记本科目，贷记"一般公共预算结转结余"科目；本科目下"专项债务转贷收入"明细科目的贷方余额转入政府性基金预算结转结余，借记本科目，贷记"政府性基金预算结转结余"科目，可根据预算管理需要，按照专项债务对应的政府性基金预算收入科目分别转入"政府性基金预算结转结余"相应明细科目。

四、本科目平时贷方余额反映债务转贷预算收入的累计数。

五、期末结转后，本科目应无余额。

6051 待处理收入

一、本科目核算本级政府财政收回的结转结余资金。

二、本科目下应设置"库款资金待处理收入""专户资金待处理收入"明细科目。

三、待处理收入的主要账务处理如下：

（一）收到收回的结转结余资金时，借记"资金结存——库款资金结存"等科目，贷记本科目。

（二）收回的结转结余资金，财政部门按原预算科目使用的，实际安排支出时，借记本科目或"资金结存——待处理结存"科目，贷记"资金结存——库款资金结存"科目。

（三）收回的结转结余资金，财政部门调整预算科目使用的，实际安排支出时，借记本科目或"资金结存——待处理结存"科目，按原结转预算科目，贷记"一般公共预算支出"等科目；同时，按实际支出预算科目，借记"一般公共预算支出"等科目，贷记"资金结存——库款资金结存"等科目。

（四）年终，本科目贷方余额转入资金结存，借记本科目，贷记"资金结存——待处理结存"科目。

四、本科目平时贷方余额反映待处理收入的累计数。

五、期末结转后，本科目应无余额。

七、预算支出类

7001 一般公共预算支出

一、本科目核算政府财政管理的由本级政府安排使用的列入一般公共预算的支出。

二、本科目应根据《政府收支分类科目》中支出功能分类科目和支出经济分类科目进行明细核算。同时，可根据预算管理需要，按照预算单位和项目等进行明细核算。

三、一般公共预算支出的主要账务处理如下：

（一）实际发生一般公共预算支出时，借记本科目，贷记"资金结存——库款资金结存"等科目。

（二）已支出事项发生退回时，借记"资金结存——库款资金结存"等科目，贷记本科目。

（三）年终转账时，本科目借方余额转入一般公共预算结转结余，借记"一般公共预算结转结余"科目，贷记本科目。

四、本科目平时借方余额反映一般公共预算支出的累计数。

五、期末结转后，本科目应无余额。

7002 政府性基金预算支出

一、本科目核算政府财政管理的由本级政府安排使用的列入政府性基金预算的支出。

二、本科目应根据《政府收支分类科目》中支出功能分类科目和支出经济分类科目进行明细核算。同时，可根据预算管理需要，按照预算单位和项目等进行明细核算。

三、政府性基金预算支出的主要账务处理如下：

（一）实际发生政府性基金预算支出时，借记本科目，贷记"资金结存——库款资金结存"等科目。

（二）已支出事项发生退回时，借记"资金结存——库款资金结存"等科目，贷记本科目。

（三）年终转账时，本科目借方余额转入政府性基金预算结转结余，借记"政府性基金预算结转结余"科目，贷记本科目。

四、本科目平时借方余额反映政府性基金预算支出的累计数。

五、期末结转后，本科目应无余额。

7003 国有资本经营预算支出

一、本科目核算政府财政管理的由本级政府安排使用的列入国有资本经营预算的支出。

二、本科目应根据《政府收支分类科目》中支出功能分类科目和支出经济分类科目进行明细核算。同时，根据预算管理需要，按照预算单位和项目等进行明细核算。

三、国有资本经营预算支出的主要账务处理如下：

（一）实际发生国有资本经营预算支出时，借记本科目，贷记"资金结存——库款资金结存"等科目。

（二）已支出事项发生退回时，借记"资金结存——库款资金结存"等科目，贷记本科目。

（三）年终转账时，本科目借方余额转入国有资本经营预算结转结余，借记"国有资本经营预算结转结余"科目，贷记本科目。

四、本科目平时借方余额反映国有资本经营预算支出的累计数。

五、期末结转后，本科目应无余额。

7005 财政专户管理资金支出

一、本科目核算本级政府财政用纳入财政专户管理的教育收费等资金安排的支出。

二、本科目应根据《政府收支分类科目》中支出功能分类科目和支出经济分类科目进行明细核算。同时，可根据管理需要，按照预算单位和项目等进行明细核算。

三、财政专户管理资金支出的主要账务处理如下：

（一）发生财政专户管理资金支出时，借记本科目，贷记"资金结存——专户资金结存"等科目。

（二）已支出事项发生退回时，借记"资金结存——专户资金结存"等科目，贷记本科目。

（三）年终转账时，本科目借方余额转入财政专户管理资金结余，借记"财政专户管理资金结余"科目，贷记本科目。

四、本科目平时借方余额反映财政专户管理资金支出的累计数。

五、期末结转后，本科目应无余额。

7007 专用基金支出

一、本科目核算政府财政专用基金收入安排的支出。

二、本科目应根据专用基金的种类设置明细科目。同时，根据预算管理需要，按预算单位等进行明细核算。

三、专用基金支出的主要账务处理如下：

（一）发生专用基金支出时，借记本科目，贷记"资金结存——库款资金结存""资金结存——专户资金结存"等科目。

（二）已支出事项发生退回时，借记"资金结存——库款资金结存""资金结存——专户资金结存"等科目，贷记本科目。

（三）年终转账时，本科目借方余额转入专用基金结余，借记"专用基金结余"科目，贷记本科目。

四、本科目平时借方余额反映专用基金支出的累计数。

五、期末结转后，本科目应无余额。

7011 补助预算支出

一、本科目核算本级政府财政按照财政体制规定或专项需要补助给下级政府财政的款项，包括对下级的税收返还、一般性转移支付和专项转移支付等。

二、本科目应按照不同资金性质设置"一般公共预算补助支出""政府性基金预算补助支出""国有资本经营预算补助支出"和"调拨下级"明细科目。同时，可根据管理需要，按照补助地区和《政府收支分类科目》中支出功能分类科目进行明细核算。其中，"一般公共预算补助支出"科目核算本级政府财政对下级政府财政的一般性转移支付支出；"政府性基金预算补助支出"科目核算本级政府财政对下级政府财政的政府性基金预算转移支付支出；"国有资本经营预算补助支出"科目核算本级政府财政对下级政府财政的国有资本经营预算转移支付支出；"调拨下级"科目核算年度执行中，本级政府财政调拨给下级政府财政的尚未指定资金性质的资金或结算应确认事项金额。

三、补助预算支出的主要账务处理如下：

（一）年度执行中，调拨资金给下级政府财政，根据实际调拨的金额借记"补助预算支出——调拨下级"等科目，贷记"资金结存——库款资金结存""资金结存——专户资金结存"科目。

（二）两级财政年终结算中应当由下级政府财政上交的款项，借记"补助预算支出——调拨下级"等科目，贷记"上解预算收入"科目。

（三）专项转移支付资金实行特设专户管理的，根据有关支出管理部门下达的预算文件和拨款依据确认支出，借记"补助预算支出——调拨下级"等科目；资金由本级政府财政拨付给下级的，贷记"资金结存——专户资金结存"等科目；资金由上级政府财政直接拨给下级的，贷记"补助预算收入——上级调拨"科目。

（四）本级政府财政借入或收到转贷的主权外债，贷款资金由下级政府财政同级部门使用，且贷款最终还款责任由本级政府财政承担的，根据债务管理部门提供的有关资料，借记"补助预算支出——调拨下级"等科目，贷记"资金结存——库款资金结存""资金结存——专户资金结存"科目；外方或上级政府财政将贷款资金直接支付给用款单位或供应商时，借记"补助预算支出——调拨下级"等科目，贷记"债务预算收入""债务转贷预算收入"等科目；本级政府财政豁免下级政府财政主权外债，根据债务管理部门提供的有关资料和有关预算文件，借记"补助预算支出——调拨下级"等科目，贷记"资金结存——上下级调拨结存"科目。

（五）根据预算管理需要，收回已调拨下级政府财政资金时，按照实际收到的金额，借记"资金结存——库款资金结存""资金结存——专户资金结存"等科目，贷记"补助预算支出——调拨下级"等科目。

（六）发生上解多交应当退回的，按照应当退回的金额，借记"上解预算收入"科目，贷记"补助预算支出——调拨下级"等科目。

（七）年终两级财政办理结算以后，根据预算管理部门提供的结算单确认补助下级预算支出，借记"补助预算支出——一般公共预算补助支出""补助预算支出——政府性基金预算补助支出""补助预算支出——国有资本经营预算补助支出"等科目，贷记"补助预算支出——调拨下级"科目。

（八）完成上述结转以后，将本科目下各明细科目余额分别结转至相应的预算结余类科目。借记"资金结存——上下级调拨结存""一般公共预算结转结余""政府性基金预算结转结余""国有资本经营预算结转结余"等科目，贷记本科目。

四、本科目平时借方余额反映补助预算支出的累计数。

五、期末结转后，本科目应无余额。

7012 上解预算支出

一、本科目核算本级政府财政按照财政体制规定或专项需要上交给上级政府财政的款项。

二、本科目应按照不同资金性质设置"一般公共预算上解支出""政府性基金预算上解支出""国有资本经营预算上解支出"明细科目。

三、上解预算支出的主要账务处理如下：

（一）发生上解预算支出时，借记本科目，贷记"资金结存——库款资金结存""补助预算收入——上级调拨"等科目。

（二）年终与上级政府财政结算时，按照尚未支付的上解金额，借记本科目，贷记"补助预算收入——上级调拨"等科目。退还或核减上解支出时，借记"资金结存——库款资金结存""补助预算收入——上级调拨"等科目，贷记本科目。

（三）年终转账时，本科目借方余额应根据不同资金性质分别转入相应的结转结余科目，借记"一般公共预算结转结余""政府性基金预算结转结余"等科目，贷记本科目。

四、本科目平时借方余额反映上解支出的累计数。

五、期末结转后，本科目应无余额。

7013 地区间援助预算支出

一、本科目核算援助方政府财政安排用于受援方政府财政统筹使用的各类援助、捐赠等资金支出。

二、本科目应按照受援地区等进行相应明细核算。

三、地区间援助预算支出的主要账务处理如下：

（一）发生地区间援助预算支出时，借记本科目，贷记"资金结存——库款资金结存"科目。

（二）年终转账时，本科目借方余额转入一般公共预算结转结余，借记"一般公共预算结转结余"科目，贷记本科目。

四、本科目平时借方余额反映地区间援助支出的累计数。

五、期末结转后，本科目应无余额。

7021 调出预算资金

一、本科目核算政府财政为平衡预算收支，在不同类型预算资金之间的调出支出。

二、本科目应设置"一般公共预算调出资金""政府性基金预算调出资金"和"国有资本经营预算调出资金"明细科目。

三、调出预算资金的主要账务处理如下：

（一）从一般公共预算调出资金时，按照调出的金额，借记"调出预算资金——一般公共预算调出资金"科目，贷记"调入预算资金"有关明细科目。

（二）从政府性基金预算调出资金时，按照调出的金额，借记"调出预算资金——政府性基金预算调出资金"科目，贷记"调入预算资金"有关明细科目。

（三）从国有资本经营预算调出资金时，按照调出的金额，借记"调出预算资金——国有资本经营预算调出资金"科目，贷记"调入预算资金"有关明细科目。

（四）年终转账时，本科目借方余额分别转入相应的结转结余科目，借记"一般公共预算结转结余""政府性基金预算结转结余"和"国有资本经营预算结转结余"等科目，贷记本科目。

四、本科目平时借方余额反映调出预算资金的累计数。

五、期末结转后，本科目应无余额。

7031 安排预算稳定调节基金

一、本科目核算政府财政安排用于弥补以后年度预算资金不足的储备资金。

二、安排预算稳定调节基金的主要账务处理如下：

（一）安排预算稳定调节基金时，借记本科目，贷记"预算稳定调节基金"科目。

（二）年终转账时，本科目借方余额转入一般公共预算结转结余，借记"一般公共预算结转结余"科目，贷记本科目。

三、本科目平时借方余额反映安排预算稳定调节基金的累计数。

四、期末结转后,本科目应无余额。

7041 债务还本预算支出

一、本科目核算政府财政偿还本级政府财政承担的纳入预算管理的债务本金支出。

二、本科目应设置"国债还本支出""一般债务还本支出""专项债务还本支出"明细科目,并根据《政府收支分类科目》中"债务还本支出"科目进行明细核算。

三、债务还本预算支出的主要账务处理如下:

(一)偿还本级政府财政承担的政府债券、主权外债等纳入预算管理的债务本金时,借记本科目,贷记"资金结存—库款资金结存""资金结存——专户资金结存""补助预算收入——上级调拨"等科目。

(二)中央财政发生国债随买业务时,根据国债随买确认文件等相关债券管理资料,按照国债随买面值,借记本科目,按照实际支付的金额,贷记"资金结存—库款资金结存"科目;按照其差额,借记或贷记"一般公共预算支出"科目。

(三)年终转账时,本科目下"国债还本支出""一般债务还本支出"的借方余额转入一般公共预算结转结余,借记"一般公共预算结转结余"科目,贷记"债务还本预算支出——国债还本支出""债务还本预算支出——一般债务还本支出"科目;本科目下"专项债务还本支出"的借方余额转入政府性基金预算结转结余,借记"政府性基金预算结转结余"科目,贷记"债务还本预算支出——专项债务还本支出"科目,可根据预算管理需要,按照专项债务对应的政府性基金预算支出科目分别转入"政府性基金预算结转结余"相应明细科目。

四、本科目平时借方余额反映本级政府财政债务还本预算支出的累计数。

五、期末结转后,本科目应无余额。

7042 债务转贷预算支出

一、本科目核算本级政府财政向下级政府财政转贷的债务支出。

二、本科目应设置"一般债务转贷支出""专项债务转贷支出"明细科目，并根据《政府收支分类科目》中"债务转贷支出"科目和转贷地区进行明细核算。

三、债务转贷预算支出的主要账务处理如下：

（一）本级政府财政向下级政府财政转贷地方政府债券资金时，借记本科目，贷记"资金结存——库款资金结存""补助预算支出——调拨下级"等科目。

（二）本级政府财政向下级政府财政转贷主权外债资金，且主权外债最终还款责任由下级政府财政承担的具体账务处理如下：

1. 支付转贷资金时，根据外债管理部门提交的转贷业务有关资料，借记本科目，贷记"资金结存——库款资金结存""资金结存—专户资金结存"科目。

2. 外方或上级政府财政将贷款资金直接支付给用款单位或供应商时，根据外债管理部门提交的转贷业务有关资料，借记本科目，贷记"债务预算收入""债务转贷预算收入"科目。

（三）年终转账时，本科目下"一般债务转贷支出"明细科目的借方余额转入一般公共预算结转结余，借记"一般公共预算结转结余"科目，贷记"债务转贷预算支出——一般债务转贷支出"科目；本科目下"专项债务转贷支出"明细科目的借方余额转入政府性基金预算结转结余，借记"政府性基金预算结转结余"科目，贷记"债务转贷预算支出——专项债务转贷支出"科目，可根据预算管理需要，按照专项债务对应的政府性基金预算支出科目分别转入"政府性基金预算结转结余"相应明细科目。

四、本科目平时借方余额反映债务转贷支出的累计数。

五、期末结转后，本科目应无余额。

7051 待处理支出

一、本科目核算政府财政按照预拨经费管理有关规定预拨给预算单位尚未列为预算支出的款项。

二、本科目应当按照预算单位进行明细核算。

三、待处理支出的主要账务处理如下：

（一）拨出款项时，借记本科目，贷记"资金结存——库款资金结存"等科目。

（二）转列预算支出时，借记"一般公共预算支出""政府性基金预算支出""国有资本经营预算支出"等科目，贷记本科目。

（三）收回预拨款项时，借记"资金结存——库款资金结存"等科目，贷记本科目。

（四）年终，本科目借方余额转入资金结存，借记"资金结存——待处理结存"科目，贷记本科目。

四、本科目平时借方余额反映政府财政尚未转列支出或尚待收回的待处理支出数。

五、期末结转后，本科目应无余额。

八、预算结余类

8001 一般公共预算结转结余

一、本科目核算本级政府财政一般公共预算收支的执行结果。

二、一般公共预算结转结余的主要账务处理如下：

（一）年终转账时，将一般公共预算的有关收入科目贷方余额转入本科目的贷方，借记"一般公共预算收入""补助预算收入——一般公共预算补助收入""上解预算收入——一般公共预算上解收入""地区间援助预算收入""调入预算资金——一般公共预算调入资金""债务预算收入——国债收入""债务预算收入——一般债务收入""债务转贷预算收入——一般债务转贷收入""动用预算稳定调节基金"科目，贷记本科目；将一般公共预算的有关支出科目借方余额转入本科目的借方，借记本科目，贷记"一般公共预算支出""补助预算支出——一般公共预算补助支出""上解预算支出——一般公共预算上解支出""地区间援助预算支出""调出预算资金——一般公共预算调出资金""安排预算稳定调节基金""债务还本预算支出——国债还本支出""债务还本预算支出——一般债务还本支出""债务转贷预算支出——一般债务转贷支出"科目。

（二）设置或补充预算周转金时，借记本科目，贷记"预算周转金"科目。

三、本科目期末贷方余额反映一般公共预算收支相抵后的滚存结转结余。

8002 政府性基金预算结转结余

一、本科目核算本级政府财政政府性基金预算收支的执行结果。

二、本科目可根据管理需要,按照政府性基金的项目进行明细核算。

三、政府性基金预算结转结余的主要账务处理如下:

年终转账时,将政府性基金预算的有关收入科目贷方余额转入本科目的贷方,按照政府性基金项目分别转入本科目的贷方,借记"政府性基金预算收入""补助预算收入——政府性基金预算补助收入""上解预算收入——政府性基金预算上解收入""调入预算资金——政府性基金预算调入资金""债务预算收入——专项债务收入""债务转贷预算收入——专项债务转贷收入"科目,贷记本科目;将政府性基金预算的有关支出科目借方余额转入本科目的借方,借记本科目,贷记"政府性基金预算支出""补助预算支出——政府性基金预算补助支出""上解预算支出——政府性基金预算上解支出""调出预算资金——政府性基金预算调出资金""债务还本预算支出——专项债务还本支出""债务转贷预算支出——专项债务转贷支出"科目。

四、本科目期末贷方余额反映政府性基金预算收支相抵后的滚存结转结余。

8003 国有资本经营预算结转结余

一、本科目核算本级政府财政国有资本经营预算收支的执行结果。

二、国有资本经营预算结转结余的主要账务处理如下:

年终转账时,将国有资本经营预算的有关收入科目贷方余额转入本科目的贷方,借记"国有资本经营预算收入""补助预算收入——国有资本经营预算补助收入""上解预算收入——国有资本经营预算上解收入"科目,贷记本科目;将国有资本经营预算的有关支出科目借方余额转入本科目的借方,借记本科目,贷记"国有资本经营预算支出""补助预算支出——国有资本经营预算补助支出""上解预算支出——国有资本经营预算上解支出""调出预算资金——国有资本经营预算调出资金"科目。

三、本科目期末贷方余额反映国有资本经营预算收支相抵后的滚存结转结余。

8005 财政专户管理资金结余

一、本科目核算本级政府财政纳入财政专户管理的教育收费等资金收支的执行结果。

二、财政专户管理资金结余的主要账务处理如下：

年终转账时，将财政专户管理资金的有关收入科目贷方余额转入本科目的贷方，借记"财政专户管理资金收入"科目，贷记本科目；将财政专户管理资金的有关支出科目借方余额转入本科目的借方，借记本科目，贷记"财政专户管理资金支出"科目。

三、本科目期末贷方余额反映政府财政纳入财政专户管理的资金收支相抵后的滚存结余。

8007 专用基金结余

一、本科目核算本级政府财政专用基金收支的执行结果。

二、本科目应根据专用基金的种类进行明细核算。

三、专用基金结余的主要账务处理如下：

年终转账时，将专用基金的有关收入科目贷方余额转入本科目的贷方，借记"专用基金收入"科目，贷记本科目；将专用基金的有关支出科目借方余额转入本科目的借方，借记本科目，贷记"专用基金支出"科目。

四、本科目期末贷方余额反映政府财政管理的专用基金收支相抵后的滚存结余。

8031 预算稳定调节基金

一、本科目核算本级政府财政为保持年度间预算的衔接和稳定，在一般公共预算中设置的储备性资金。

二、预算稳定调节基金的主要账务处理如下：

（一）使用超收收入或一般公共预算结余设置或补充预算稳定调节基金时，借记"安排预算稳定调节基金"科目，贷记本科目。

（二）将预算周转金调入预算稳定调节基金时，借记"预算周转金"科目，贷记本科目。

（三）动用预算稳定调节基金时，借记本科目，贷记"动用预算稳定调节基金"科目。

三、本科目期末贷方余额反映预算稳定调节基金的累计规模。

8033 预算周转金

一、本科目核算政府财政设置的用于调剂预算年度内季节性收支差额周转使用的资金。

二、预算周转金的主要账务处理如下：

（一）设置或补充预算周转金时，借记"一般公共预算结转结余"科目，贷记本科目。

（二）将预算周转金调入预算稳定调节基金时，借记本科目，贷记"预算稳定调节基金"科目。

三、本科目期末贷方余额反映预算周转金的累计规模。

8041 资金结存

一、本科目核算政府财政纳入预算管理的资金流入、流出、调整和滚存的情况。

二、本科目应设置"库款资金结存""专户资金结存""在途资金结存""集中支付结余结存""上下级调拨结存""待发国债结存""零余额账户结存""已结报支出""待处理结存"明细科目。

三、资金结存科目的主要账务处理如下：

（一）"库款资金结存"科目核算政府财政以国库存款形态存在的资金。本科目期末应为借方余额。

1. 收到预算收入时，根据当日预算收入日报表所列预算收入数，借记本科目，贷记有关预算收入科目。

已入库款项发生退库（付）的，资金划出时，借记有关预算收入科目，贷记本科目。

2. 发生预算支出时，按照实际支付的金额，借记有关预算支出科目，贷记本科目。

预算支出发生退回的，资金划出时，借记本科目，贷记有关预算支出科目。

（二）"专户资金结存"科目核算政府财政以财政专户存款形态存在的资金。本科目期末应为借方余额。

1. 收到预算收入时，按照有关收入凭证，借记本科目，贷记有关预算收入科目。

已收到款项发生退付的，资金划出时，借记有关预算收入科目，贷记本科目。

2. 发生预算支出时，按照实际支付的金额，借记有关预算支出科目，贷记本科目。

预算支出发生退回的，资金划出时，借记本科目，贷记有关预算支出科目。

（三）"在途资金结存"科目核算报告清理期和库款报解整理期内发生的需要通过本科目过渡处理的属于上年度收入、支出等业务的款项。本科目期末余额反映政府财政持有的在途款金额。

1. 报告清理期和库款报解整理期内收到属于上年度收入时，在上年度账务中，借记本科目，贷记有关收入科目；收回属于上年度支出时，在上年度账务中，借记本科目，贷记"预拨经费"或有关支出科目。

2. 冲转在途款时，在本年度账务中，借记"资金结存——库款资金结存"科目，贷记本科目。

（四）"集中支付结余结存"科目核算省级以上（含省级）政府财政国库集中支付中，应列为当年支出，但年末尚未支付需结转下一年度支付的款项。本科目期末应为贷方余额，反映政府财政尚未支付的国库集中支付结余。

1. 年末，对当年发生的应付国库集中支付结余，借记有关支出科目，贷记本科目。

2. 实际支付应付国库集中支付结余资金时，借记本科目，贷记"资金结存——库款资金结存"科目。

3. 收回尚未支付的应付国库集中支付结余时，借记本科目，贷记有关支出科目。

（五）"上下级调拨结存"科目核算上下级政府财政之间资金调拨和资金结算等事项。本科目期末余额反映政府财政上下级往来款项的净额。

1. 年终转账时，将"补助预算收入——上级调拨"科目贷方余额转入资金结存，借记"补助预算收入——上级调拨"科目，贷记本科目。

2. 年终转账时，将"补助预算支出——调拨下级"科目借方余额转入资金结存，借记本科目，贷记"补助预算支出——调拨下级"科目。

（六）"待发国债结存"科目核算为弥补中央财政预算收支差额，中央财政预计发行国债与实际发行国债之间的差额。本科目期末应为借方余额，反映中央财政尚未使用的国债发行额度。

年度终了，实际发行国债收入用于债务还本支出后，小于为弥补中央财政预算收支差额中央财政预计发行国债时，按照其差额，借记本科目，贷记"债务预算收入"科目；实际发行国债收入用于债务还本支出后，大于为弥补中央财政预算收支差额中央财政预计发行国债时，按照其差额，借记"债务预算收入"科目，贷记本科目。

（七）"零余额账户结存"科目核算政府财政国库支付执行机构在代理银行开设的财政零余额账户发生的支付和清算业务。财政国库支付执行机构未单设的地区不使用本科目。本科目年末应无余额。

1. 财政国库支付执行机构通过财政零余额账户支付款项时，借记有关预算支出科目，贷记本科目。

2. 根据每日清算的金额，借记本科目，贷记"资金结存——已结报支出"科目。

（八）"已结报支出"科目核算政府财政国库支付执行机构已清算的国库集中支付支出数额。财政国库支付执行机构未单设的地区不使用本科目。本科目年末应无余额。

1. 财政国库集中支付执行机构根据每日清算的金额，借记"资金结存——零余额账户结存"科目，贷记本科目。

2. 财政国库集中支付执行机构按照国库集中支付制度有关规定办理资金支付时，借记相关预算支出科目，贷记本科目。

3. 年终财政国库集中支付执行机构按照累计结清的预算支出金额，与有关方面核对一致后转账，借记本科目，贷记有关预算支出科目。

（九）"待处理结存"科目核算结转下年度的待处理收入和待处理支出等。本科目期末余额反映尚未清理的以前年度待处理收支的金额。

1. 年终转账时，将"待处理收入"科目贷方余额转入资金结存，借记"待处理收入"科目，贷记本科目。

2. 年终转账时，将"待处理支出"科目借方余额转入资金结存，借记本科目，贷记"待处理支出"科目。

3. 将以前年度结转的待处理收入转列预算收入或退回时，借记本科目，贷记有关预算收入科目、"资金结存——库款资金结存"科目。

4. 将以前年度结转的待处理支出转列预算支出或收回时，借记有关预算支出科目、"资金结存——库款资金结存"等科目，贷记本科目。

第四章　会计结账和结算

第四十三条　总会计应当按月进行会计结账。具体结账方法，按照会计基础工作规范有关规定办理。

第四十四条　政府财政部门应当及时进行年终清理结算，并在预算会计和财务会计账中准确反映清理结算结果。年终清理结算的主要事项如下：

（一）核对年度预算。年终前，总会计应配合预算管理部门将本级政府财政全年预算指标与上、下级政府财政转移性收支预算和本级各部门预算进行核对，及时办理预算调整和转移支付事项。本年预算调整和下达对下级政府财政转移支付预算指标一般截止到 11 月 30 日；各项预算拨款，一般截止到 12 月 25 日。

（二）清理本年收入。总会计应认真清理本年收入，与非税收入征收部门核对年末应收非税收入情况，并组织收入征收部门和国家金库进行年度对账，督促收入征收部门和国家金库年终前及时将本年税收收入和非税收入缴入国库或指定财政专户，确保准确核算本年收入。

（三）清理本年支出和费用。应在本年支领列报的款项，非特殊原因，应在年终前办理完毕。总会计对本级各单位的支出和费用应与单位的相应收入核对无误。属于应收回的拨款，应及时收回，并按收回数相应冲减支出和费用。

（四）核实股权、债权和债务。财政部门内部有关资产、债务管理部门应在有关业务发生时及时向总会计提供与股权、债权、债务等核算和反映有关的资料，确保财务会计资产负债信息确认的及时性。各级财政债务管理部门需定期提供上下级财政核对确认的本地区债权债务利息有关资料。财政部门内部涉及股权投资的相关管理部门应提供股权投资对应的股权证明材料及变动情况资料。

年末，总会计对股权投资、借出款项、应收股利、应收地方政府债券转贷款、应收主权外债转贷款、借入款项、应付短期政府债券、应付长期政府债券、应付地方政府债券转贷款、应付主权外债转贷款、应付利息、其他负债等余额应与相关管理部门进行核对，记录不一致的要及时查明原因，按规定调整账务，相关管理部门要及时提供有关资料，确保账实相符，账账相符。

（五）清理往来款项。政府财政要认真清理其他应收款、其他应付款等各种往来款项，在年度终了前予以收回或归还。应转作收入或支出、费用的各项款项，预算会计与财务会计要及时处理。

第四十五条 总会计对年终报告清理期内发生的会计事项，应当划清会计年度，及时进行结账。属于清理上年度的会计事项，记入上年度会计账；属于新年度的会计事项，记入新年度会计账，防止错记漏记。通常记入上年度的会计事项主要有：

（一）依据年终财政结算进行核算。财政预算管理部门要在年终清理的基础上，于次年元月底前结清上下级政府财政的转移性收支和往来款项。总会计要按照财政管理体制的规定和专项需要，根据预算结算单，与年度预算执行过程中已补助和已上解数额进行比较，结合往来款和借垫款情况，计算出全年最后应补或应退数额，填制"年终财政决算结算单"，经核对无误后，作为年终财政结算凭证，预算会计和财务会计据以入账。

（二）依据企业决算数据进行核算。财政部门内部涉及股权投资的相关管理部门应及时取得纳入总会计核算范围的被投资主体经审计后的决算报表，并据此向总会计提供股权投资核算所需资料，财务会计对股权投资变动情况进行核算。

（三）依据人大审议意见进行核算。本级人民代表大会常务委员会（或人民代表大会）审查意见中，提出的需更正原报告有关事项，总会计应根据审查意见相应调整有关账目。

第四十六条 总会计应对预算会计和财务会计分别办理年终结账。年终结账工作一般分为年终转账、结清旧账和记入新账三个步骤，依次做账。

（一）年终转账。计算出预算会计和财务会计各科目 12 月份合计数和全年累计数，结出年末余额。

预算会计将预算收入和预算支出分别转入"一般公共预算结转结余""政府性基金预算结转结余""国有资本经营预算结转结余""财政专户管理资金结余""专用基金结余"等科目冲销。

财务会计将收入和费用分别转入相应的本期盈余科目冲销；再将本期盈余科目转入相应的累计盈余科目冲销。

（二）结清旧账。将各收入、支出和费用科目的借方、贷方结出全年总计数。对年终有余额的科目，在"摘要"栏内注明"结转下年"字样，表示转入新账。

（三）记入新账。根据年终转账后的总账和明细账余额，编制年终"资产负债表"和有关明细表（不需填制记账凭证），预算会计和财务会计将表列各科目余额分别记入新年度有关总账和明细账年初余额栏内，并在"摘要"栏注明"上年结转"字样，以区别新年度发生数。

第五章　会 计 报 表

第四十七条 财务会计报表包括资产负债表、收入费用表、现金流量表、本年预算结余与本期盈余调节表等会计报表和附注。

资产负债表是反映政府财政在某一特定日期财务状况的报表。

收入费用表是反映政府财政在一定会计期间运行情况的报表。

现金流量表是反映政府财政在一定会计期间现金流入和流出情况的报表。

本年预算结余与本期盈余调节表是反映政府财政在某一会计年度内预算结余与本期盈余差异调整情况的报表。

附注是指对在会计报表中列示项目的文字描述或明细资料，以及对未能在会计报表中列示项目的说明。

第四十八条 财务会计报表格式如下：

资产负债表

总会财 01 表

编制单位：　　　　　　　　　　年　月　日　　　　　　　单位：元

资产	年初余额	期末余额	负债和净资产	年初余额	期末余额
流动资产：			**流动负债：**		
国库存款			应付短期政府债券		
其他财政存款			应付国库集中支付结余		
国库现金管理资产			与上级往来		
有价证券			其他应付款		
应收非税收入			应付代管资金		
应收股利			应付利息		
借出款项			一年内到期的非流动负债		
与下级往来			**流动负债合计**		
预拨经费			**非流动负债：**		
在途款			应付长期政府债券		
其他应收款			借入款项		
应收利息			应付地方政府债券转贷款		
一年内到期的非流动资产			应付主权外债转贷款		
流动资产合计			其他负债		
非流动资产：			**非流动负债合计**		
应收地方政府债券转贷款			**负债合计**		
应收主权外债转贷款			**净资产：**		
股权投资			累计盈余		
非流动资产合计			预算稳定调节基金		
			预算周转金		
			权益法调整		
			净资产合计		
资产总计			**负债和净资产总计**		

收入费用表

总会财02表

编制单位：　　　　　　　　　　　年　月　　　　　　　　　　单位：元

项目	预算管理资金		财政专户管理资金		专用基金	
	本月数	本年累计数	本月数	本年累计数	本月数	本年累计数
收入合计						
税收收入			—	—	—	—
非税收入			—	—	—	—
投资收益			—	—		
补助收入			—	—		
上解收入			—	—		
地区间援助收入			—	—		
其他收入			—	—		
财政专户管理资金收入	—	—			—	—
专用基金收入	—	—	—	—		
费用合计						
政府机关商品和服务拨款费用			—	—	—	—
政府机关工资福利拨款费用			—	—	—	—
对事业单位补助拨款费用			—	—	—	—
对企业补助拨款费用			—	—	—	—
对个人和家庭补助拨款费用			—	—	—	—
对社会保障基金补助拨款费用			—	—	—	—
资本性拨款费用			—	—	—	—
其他拨款费用			—	—	—	—
财务费用						
补助费用						
上解费用			—	—	—	—

（续表）

项目	预算管理资金		财政专户管理资金		专用基金	
	本月数	本年累计数	本月数	本年累计数	本月数	本年累计数
地区间援助费用			—	—		
其他费用			—	—		
财政专户管理资金支出	—	—			—	—
专用基金支出	—	—	—	—		
本期盈余（本年收入与费用的差额）						

注：表中有"—"的部分不必填列。

现金流量表

总会财03表

编制单位： 　　　　　　　　年　月　　　　　　　　单位：元

项目	本年金额	上年金额
一、日常活动产生的现金流量		
组织税收收入收到的现金		
组织非税收入收到的现金		
组织财政专户管理资金收入收到的现金		
组织专用基金收入收到的现金		
上下级政府财政资金往来收到的现金		
收回暂付性款项相关的现金		
其他日常活动所收到的现金		
现金流入小计		
政府机关商品和服务拨款所支付的现金		
政府机关工资福利拨款所支付的现金		
对事业单位补助拨款所支付的现金		
对企业补助拨款所支付的现金		

（续表）

项目	本年金额	上年金额
对个人和家庭补助拨款所支付的现金		
对社会保障基金补助拨款所支付的现金		
财政专户管理资金支出所支付的现金		
专用基金支出所支付的现金		
上下级政府财政资金往来所支付的现金		
资本性拨款所支付的现金		
暂付性款项所支付的现金		
其他日常活动所支付的现金		
现金流出小计		
日常活动产生的现金流量净额		
二、投资活动产生的现金流量		
收回股权投资所收到的现金		
取得股权投资收益收到的现金		
收到其他与投资活动有关的现金		
现金流入小计		
取得股权投资所支出的现金		
支付其他与投资活动有关的现金		
现金流出小计		
投资活动产生的现金流量净额		
三、筹资活动产生的现金流量		
发行政府债券收到的现金		
借入款项收到的现金		
取得政府债券转贷款收到的现金		
取得主权外债转贷款收到的现金		
收回转贷款本金收到的现金		
收到下级上缴转贷款利息相关的现金		

（续表）

项目	本年金额	上年金额
其他筹资活动收到的现金		
现金流入小计		
转贷地方政府债券所支付的现金		
转贷主权外债所支付的现金		
支付债务本金相关的现金		
支付债务利息相关的现金		
其他筹资活动支付的现金		
现金流出小计		
筹资活动产生的现金流量净额		
四、汇率变动对现金的影响额		
五、现金净增加额		

本年预算结余与本期盈余调节表

总会财 04 表

编制单位：　　　　　　　　年　　　　　　　　单位：元

项目	金额
本年预算结余（本年预算收入与支出差额）：	
日常活动产生的差异：	
加：1. 当期确认为收入但没有确认为预算收入	
当期应收未缴库非税收入	
减：2. 当期确认为预算收入但没有确认为收入	
当期收到上期应收未缴库非税收入	
3. 当期确认为预算支出收回但没有确认为费用收回	
（1）当期收到退回以前年度已列支资金	
（2）当期将以前年度国库集中支付结余收回预算	
投资活动产生的差异：	

财政总会计制度

（续表）

项目	金额
加：1.当期确认为收入但没有确认为预算收入	
（1）当期投资收益或损失	
（2）当期无偿划入股权投资	
2.当期确认为预算支出但没有确认为费用	
（1）当期股权投资增支	
（2）当期股权投资减支	
减：3.当期确认为预算收入但没有确认为收入	
（1）当期收到利润收入和股利股息收入	
（2）当期收到清算、处置股权投资的收入	
4.当期确认为费用但没有确认为预算支出	
当期无偿划出股权投资费用	
筹资活动产生的差异：	
加：1.当期确认为预算支出但没有确认为费用	
（1）当期转贷款支出	
（2）当期债务还本支出	
（3）拨付上年计提债务利息	
减：2.当期确认为预算收入但没有确认为收入	
（1）当期债务收入	
（2）当期转贷款收入	
3.当期确认为费用但没有确认为预算支出	
当期计提未拨付债务利息	
其他差异事项	
当期汇兑损益净额	
本期盈余（本年收入与费用的差额）	

第四十九条 总会计应当按照下列规定编制财务会计报表：

（一）收入费用表应当按月度和年度编制，资产负债表、现金流量表、本年预算结余与本期盈余调节表和附注应当至少按年度编制。

（二）总会计应当根据本制度编制并提供真实、完整的会计报表，切实做到账表一致，不得估列代编，弄虚作假。

（三）总会计要严格按照统一规定的种类、格式、内容、计算方法和编制口径填制会计报表，以保证全国统一汇总和分析。汇总报表的单位，要把所属单位的报表汇集齐全，防止漏报。

第五十条 财务会计报表编制说明如下：

一、资产负债表的编制说明

（一）本表"年初余额"栏内各项数字，应当根据上年年末资产负债表"期末余额"栏内数字填列。如果本年度资产负债表规定的各个项目的名称和内容同上年度不一致，应对上年年末资产负债表各项目的名称和数字按照本年度的规定进行调整，填入本表"年初余额"栏内。

（二）本表"期末余额"栏各项目的内容和填列方法

1. 资产类项目

（1）"国库存款"项目，反映政府财政期末存放在国库单一账户的款项金额。本项目应当根据"国库存款"科目的期末余额填列。

（2）"其他财政存款"项目，反映政府财政期末持有的其他财政存款金额。本项目应当根据"其他财政存款"科目的期末余额填列。

（3）"国库现金管理资产"项目，反映政府财政期末实行国库现金管理业务等持有的资产金额。本项目应当根据"国库现金管理资产"科目的期末余额填列。

（4）"有价证券"项目，反映政府财政期末持有的有价证券金额。本项目应当根据"有价证券"科目的期末余额填列。

（5）"应收非税收入"项目，反映政府财政期末向缴款人收取但尚未缴入国库的非税收入。本项目应当根据"应收非税收入"科目的期末余额填列。

（6）"应收股利"项目，反映政府财政期末尚未收回的现金股利或利润金额。本项目应当根据"应收股利"科目的期末余额填列。

（7）"借出款项"项目，反映政府财政期末借给预算单位尚未收回的款项金额。本项目应当根据"借出款项"科目的期末余额填列。

（8）"与下级往来"项目，正数反映下级政府财政欠本级政府财政的款项金额；负数反映本级政府财政欠下级政府财政的款项金额。本项目应当根据"与下级往来"科目的期末余额填列，期末余额如为借方则以正数填列，如为贷方则以负数填列。

（9）"预拨经费"项目，反映政府财政期末尚未转列支出或尚待收回的预拨经费金额。本项目应当根据"预拨经费"科目的期末余额填列。

（10）"在途款"项目，反映政府财政期末持有的在途款金额。本项目应当根据"在途款"科目的期末余额填列。

（11）"其他应收款"项目，反映政府财政期末尚未收回的其他应收款的金额。本项目应当根据"其他应收款"科目的期末余额填列。

（12）"应收利息"项目，反映政府财政期末应收未收的转贷款利息金额。本项目应当根据"应收地方政府债券转贷款""应收主权外债转贷款"科目下的"应收利息"明细科目期末余额填列。

（13）"一年内到期的非流动资产"项目，反映政府财政期末非流动资产项目中距离偿还本金日期1年以内（含1年）的转贷款本金。本项目应当根据"应收地方政府债券转贷款""应收主权外债转贷款"科目下的"应收本金"明细科目期末余额及债务管理部门提供的资料分析填列。

（14）"流动资产合计"项目，反映政府财政期末流动资产的合计数。本项目应当根据本表中"国库存款""其他财政存款""国库现金管理资产""有价证券""应收非税收入""应收股利""借出款项""与下级往来""预拨经费""在途款""其他应收款""应收利息""一年内到期的非流动资产"项目金额的合计数填列。

（15）"应收地方政府债券转贷款"项目，反映政府财政期末尚未收回的距离偿还本金日期超过1年的地方政府债券转贷款的本金金额。本项目应当根据"应收地方政府债券转贷款"科目下的"应收本金"明细科目期末余额及债务管理部门提供的资料分析填列。

（16）"应收主权外债转贷款"项目，反映政府财政期末尚未收回的距离偿还本金日期超过1年的主权外债转贷款的本金金额。本项目应当根据"应收主权外债转贷款"科目下的"应收本金"明细科目期末余额及债务管理部门提供的资料分析填列。

（17）"股权投资"项目，反映政府期末持有股权投资的金额。本项目应当根据"股权投资"科目的期末余额填列。

（18）"非流动资产合计"项目，反映政府财政期末非流动资产的合计数。本项目应当根据本表中"应收地方政府债券转贷款""应收主权外债转贷款""股权投资"项目金额的合计数填列。

（19）"资产总计"项目，反映政府财政期末资产的合计数。本项目应当根据本表中"流动资产合计""非流动资产合计"项目金额的合计数填列。

2. 负债类项目

（1）"应付短期政府债券"项目，反映政府财政期末尚未偿还的发行期不超过1年（含1年）的国债和地方政府债券本金金额。本项目应当根据"应付短期政府债券"科目的期末余额填列。

（2）"应付国库集中支付结余"项目，反映政府财政期末尚未支付的国库集中支付结余金额。本项目应当根据"应付国库集中支付结余"科目的期末余额填列。

（3）"与上级往来"项目，正数反映本级政府财政期末欠上级政府财政的款项金额；负数反映上级政府财政欠本级政府财政的款项金额。本项目应当根据"与上级往来"科目的期末余额填列，期末余额如为贷方则以正数填列，如为借方则以负数填列。

（4）"其他应付款"项目，反映政府财政期末尚未支付的其他应付款的金额。本项目应当根据"其他应付款"科目的期末余额填列。

（5）"应付代管资金"项目，反映政府财政期末尚未支付的代管资金金额。本项目应当根据"应付代管资金"科目的期末余额填列。

（6）"应付利息"项目，反映政府财政期末尚未支付的利息金额。省级以上（含省级）政府财政应当根据"应付利息"科目期末余额填列；市县政府财政应当根据"应付地方政府债券转贷款""应付主权外债转贷款"科目下的"应付利息"明细科目期末余额填列。

（7）"一年内到期的非流动负债"项目，反映政府财政期末承担的距离偿还本金日期1年以内（含1年）的非流动负债。省级以上（含省级）政府财政应当根据"应付长期政府债券""借入款项"科目余额，市县政府财政应当根据"应付地方政府债券转贷款""应付主权外债转贷款"科目下的"应付本金"明细科目期末余额及债务管理部门提供的资料分析填列。

（8）"流动负债合计"项目，反映政府财政期末流动负债合计数。本项目应当根据本表"应付短期政府债券""应付国库集中支付结余""与上级往来""其他应付款""应付代管资金""应付利息""一年内到期的非流动负债"项目　金额的合计数填列。

（9）"应付长期政府债券"项目，反映政府财政期末承担的距离偿还本金日期超　1年的借入款项的本金金额。省级以上（含省级）政府财政应当根据"借入款项"科目的期末余额及债务管理部门提供的资料分析填列。

（11）"应付地方政府债券转贷款"项目，反映政府财政期末承担的距离偿还本金日期超过1年的地方政府债券转贷款的本金金额。本项目应当根据"应付地方政府债券转贷款"科目下的"应付本金"明细科目期末余额及债务管理部门提供的资料分析填列。

（12）"应付主权外债转贷款"项目，反映政府财政期末承担的距离偿还本金日期超过1年的主权外债转贷款的本金金额。本项目应当根据"应付主权外债转贷款"科目下的"应付本金"明细科目期末余额及债务管理部门提供的资料分析填列。

（13）"其他负债"项目，反映中央政府财政期末承担的其他负债金额。本项目应当根据"其他负债"科目的期末余额填列。

（14）"非流动负债合计"项目，反映政府财政期末非流动负债合计数。本项目应当根据本表中"应付长期政府债券""借入款项""应付地方政府债券转贷款""应付主权外债转贷款""其他负债"项目金额的合计数填列。

（15）"负债合计"项目，反映政府财政期末负债的合计数。本项目应当根据本表中"流动负债合计""非流动负债合计"项目金额的合计数填列。

3.净资产类项目

（1）"累计盈余"项目，反映政府财政纳入一般公共预算、政府性基金预算、国有资本经营预算管理的预算资金，财政专户管理资金、专用基金历年实现的盈余滚存的金额。本项目应当根据"预算管理资金累计盈余""财政专户管理资金累计盈余""专用基金累计盈余"科目的期末余额填列。

（2）"预算稳定调节基金"项目，反映政府财政期末预算稳定调节基金的余额。本项目应当根据"预算稳定调节基金"科目的期末余额填列。

（3）"预算周转金"项目，反映政府财政期末预算周转金的余额。本项目应当根据"预算周转金"科目的期末余额填列。

（4）"权益法调整"项目，反映政府财政按照持股比例计算应享有的被投资主体除净损益和利润分配以外的其他权益变动的份额。本项目根据"权益法调整"科目的期末余额填列。

（5）"净资产合计"项目，反映政府财政期末净资产合计数。本项目应当根据本表中"累计盈余""预算稳定调节基金""预算周转金""权益法调整"项目金额的合计数填列。

（6）"负债和净资产总计"项目，应当根据本表中"负债合计""净资产合计"项目金额的合计数填列。

二、收入费用表的编制说明

（一）本表"本月数"栏反映各项目的本月实际发生数。在编制年度收入费用表时，应将本栏改为"上年数"栏，反映上年度各项目的实际发生数；如果本年度收入费用表规定的各个项目的名称和内容同上年度不一致，应对上年度收入费用表各项目的名称和数字按照本年度的规定进行调整，填入本年度收入费用表的"上年数"栏。

本表"本年累计数"栏反映各项目自年初起至报告期末止的累计实际发生数。编制年度收入费用表时，应当将本栏改为"本年数"。

（二）本表"本月数"栏各项目的内容和填列方法

1."收入合计"项目，反映政府财政本期取得的各项收入合计金额。其中，预算管理资金的"收入合计"应当根据属于预算管理资金的"税收收入""非税收入""投资收益""补助收入""上解收入""地区间援助收入""其他收入"项目金额的合计填列；财政专户管理资金的"收入合计"应当根据"财政专户管理资金收入"项目的金额填列；专用基金的"收入合计"应当根据"专用基金收入"项目的金额填列。

2."税收收入"项目，反映政府财政本期取得的税收收入金额。本项目根据"税收收入"科目本期发生额填列。

3."非税收入"项目，反映政府财政本期取得的各项非税收入金额。本项目根据"非税收入"科目本期发生额填列。

4."投资收益"项目，反映政府财政本期取得的各项投资收益金额。本项目根据"投资收益"科目本期发生额填列。

5."补助收入"项目，反映政府财政本期取得的各类资金的补助收入金额。

本项目根据"补助收入"科目本期发生额填列。

6."上解收入"项目,反映政府财政本期取得的各类资金的上解收入金额。本项目根据"上解收入"科目本期发生额填列。

7."地区间援助收入"项目,反映政府财政本期取得的地区间援助收入金额。本项目应当根据"地区间援助收入"科目的本期发生额填列。

8."其他收入"项目,反映政府财政本期取得的除"税收收入""非税收入""投资收益""补助收入""上解收入""地区间援助收入""财政专户管理资金收入""专用基金收入"以外的收入金额。本项目应当根据"其他收入"科目本期发生额填列。

9."财政专户管理资金收入"项目,反映政府财政本期取得的教育收费等资金收入金额。本项目根据"财政专户管理资金收入"科目本期发生额填列。

10."专用基金收入"项目,反映政府财政本期取得的粮食风险基金等资金收入金额。本项目根据"专用基金收入"科目本期发生额填列。

11."费用合计"项目,反映政府财政本期发生的各类费用合计金额。其中,预算管理资金的"费用合计"应当根据属于预算管理资金的"政府机关商品和服务拨款费用""政府机关工资福利拨款费用""对事业单位补助拨款费用""对企业补助拨款费用""对个人和家庭补助拨款费用""对社会保障基金补助拨款费用""资本性拨款费用""其他拨款费用""财务费用""补助费用""上解费用""地区间援助费用""其他费用"项目金额的合计填列;财政专户管理资金的"费用合计"应当根据"财政专户管理资金支出"项目的金额填列;专用基金的"费用合计"应当根据"专用基金支出"项目的金额填列。

12."政府机关商品和服务拨款费用"项目,反映政府财政本期发生的购买商品和服务的各类费用金额。本项目根据"政府机关商品和服务拨款费用"科目本期发生额填列。

13."政府机关工资福利拨款费用"项目,反映政府财政本期发生的支付给职工和长期聘用人员的各类劳动报酬及为上述人员缴纳的各项社会保险费等费用。本项目根据"政府机关工资福利拨款费用"科目本期发生额填列。

14."对事业单位补助拨款费用"项目,反映政府财政本期发生的对事业单位的经常性补助费用金额。本项目根据"对事业单位补助拨款费用"科目本期发生额填列。

15."对企业补助拨款费用"项目，反映政府财政本期发生的对企业补助拨款费用金额。本项目根据"对企业补助拨款费用"科目本期发生额填列。

16."对个人和家庭补助拨款费用"项目，反映政府财政本期发生的对个人和家庭补助拨款费用金额。本项目根据"对个人和家庭补助拨款费用"科目本期发生额填列。

17."对社会保障基金补助拨款费用"项目，反映政府财政本期发生的对社会保险基金的补助拨款以及补充全国社会保障基金费用的拨款金额。本项目根据"对社会保障基金补助拨款费用"科目本期发生额填列。

18."资本性拨款费用"项目，反映政府财政本期发生的对行政事业单位的房屋建筑物购建、基础设施建设、公务用车购置、设备购置、物资储备等方面资本性拨款费用金额。本项目根据"资本性拨款费用"科目本期发生额填列。

19."其他拨款费用"项目，反映政府财政未列入以上拨款费用项目的财政拨款费用金额。本项目根据"其他拨款费用"科目本期发生额填列。

20."财务费用"项目，反映政府财政本期发生的偿还政府债务利息及支付政府债务发行、兑付、登记相关费用及汇兑损益金额。本项目根据"财务费用"科目本期发生额填列。

21."补助费用"项目，反映政府财政本期发生的各类资金的补助费用金额。本项目根据"补助费用"科目本期发生额填列。

22."上解费用"项目，反映政府财政本期发生的上缴上级各类资金产生的费用金额。本项目根据"上解费用"科目本期发生额填列。

23."地区间援助费用"项目，反映政府财政本期发生的地区间援助费用金额。本项目根据"地区间援助费用"科目的本期发生额填列。

24."其他费用"项目，反映政府财政本期股权划出、其他负债变动形成的费用金额。本项目根据"其他费用"科目的本期发生额填列。

25."财政专户管理资金支出"项目，反映政府财政本期使用纳入财政专户管理的教育收费等资金产生的费用金额。本项目根据"财政专户管理资金支出"科目本期发生额填列。

26."专用基金支出"项目，反映政府财政本期使用专用基金产生的费用

金额。本项目根据"专用基金支出"科目本期发生额填列。

27."本期盈余"项目,反映政府财政本年末收入减去费用的金额。本项目根据本表"收入合计"减去"费用合计"的差额填列。

三、现金流量表的编制说明

(一)本表中现金,是指政府财政的国库存款、其他财政存款及国库现金管理资产中的商业银行定期存款。本表中现金流量,是指现金的流入和流出。

(二)本表应当按照日常活动、投资活动、筹资活动的现金流量分别反映。

(三)本表"本年金额"栏反映各项目的本年实际发生数。本表"上年金额"栏反映各项目的上年实际发生数,应当根据上年现金流量表中"本年金额"栏内所列数字填列。

(四)本表"本年金额"栏各项目的填列方法。

1.日常活动产生的现金流量

(1)现金流入项目

"组织税收收入收到的现金"项目,反映政府财政本年取得税收收入收到的现金。本项目应当根据会计账簿中"税收收入""在途款"科目发生额分析填列。

"组织非税收入收到的现金"项目,反映政府财政本年取得非税收入收到的现金。本项目应当根据会计账簿中"非税收入""应收非税收入""在途款"科目发生额分析填列。

"组织财政专户管理资金收入收到的现金"项目,反映政府财政本年取得财政专户管理资金收入收到的现金。本项目根据会计账簿中"财政专户管理资金收入"科目发生额分析填列。

"组织专用基金收入收到的现金"项目,反映政府财政本年取得专用基金收入收到的现金。本项目根据会计账簿中"专用基金收入"科目发生额分析填列。

"上下级政府财政资金往来收到的现金"项目,反映政府财政本年收到上下级政府财政转移支付、清算欠款、临时调度款等相关的现金。本项目根据会计账簿中"补助收入""上解收入""与下级往来""与上级往来"科目贷方发生额分析填列。

"收回暂付性款项相关的现金"项目，反映政府财政本年收回暂付性款项相关的现金。本项目根据会计账簿中"预拨经费""借出款项""其他应收款"科目贷方发生额分析填列。

"其他日常活动所收到的现金"项目，反映政府财政收到的除以上项目外与日常活动相关的现金。本项目根据会计账簿中"地区间援助收入""其他收入""其他应付款""应付代管资金""在途款""以前年度盈余调整"等科目贷方发生额分析填列。

（2）现金流出项目

"政府机关商品和服务拨款所支付的现金"项目，反映政府财政本年在日常活动中用于购买商品、接受劳务支付的现金。本项目根据会计账簿中"政府机关商品和服务拨款费用"科目和"应付国库集中支付结余"科目借方发生额分析填列。

"政府机关工资福利拨款所支付的现金"项目，反映政府财政本年承担职工劳务报酬及社会保险费等支付的现金。本项目根据会计账簿中"政府机关工资福利拨款费用"科目和"应付国库集中支付结余"科目借方发生额分析填列。

"对事业单位补助拨款所支付的现金"项目，反映政府财政本年对事业单位经常性补助所支付的现金。本项目根据会计账簿中"对事业单位补助拨款费用"科目和"应付国库集中支付结余"科目借方发生额分析填列。

"对企业补助拨款所支付的现金"项目，反映政府财政本年对企业资本性投资外的其他补助所支付的现金。本项目根据会计账簿中"对企业补助拨款费用"科目和"应付国库集中支付结余"科目借方发生额分析填列。

"对个人和家庭补助拨款所支付的现金"项目，反映政府财政本年对个人和家庭的补助所支付的现金。本项目根据会计账簿中"对个人和家庭补助拨款费用"科目和"应付国库集中支付结余"科目借方发生额分析填列。

"对社会保障基金补助拨款所支付的现金"项目，反映政府财政本年对社会保险基金的补助，以及补充全国社会保障基金所支付的现金。本项目根据会计账簿中"对社会保障基金补助拨款费用"科目和"应付国库集中支付结余"科目借方发生额分析填列。

"财政专户管理资金支出所支付的现金"项目,反映政府财政本年从财政专户管理资金中安排各项支出所支付的现金。本项目根据会计账簿中"财政专户管理资金支出"科目借方发生额分析填列。

"专用基金支出所支付的现金"项目,反映政府财政用专用基金收入安排的支出所支付的现金。本项目根据会计账簿中"专用基金支出"科目借方发生额分析填列。

"上下级政府财政资金往来所支付的现金"项目,反映政府财政本年支付上下级政府财政转移支付、清算欠款、临时调度款等相关的现金。本项目根据会计账簿中"补助费用""上解费用""与下级往来""与上级往来"科目借方发生额分析填列。

"资本性拨款所支付的现金"项目,反映政府财政本年支付行政事业单位和企业用于房屋建筑物构建、基础设施建设、公务用车购置、设备购置、物资储备等相关的现金。本项目根据会计账簿中"资本性拨款费用"科目和"应付国库集中支付结余"科目借方发生额分析填列。

"暂付性款项所支付的现金"项目,反映政府财政本年安排暂付性款项所支付的现金。本项目根据会计账簿中"预拨经费""借出款项""其他应收款"科目借方发生额分析填列。

"其他日常活动所支付的现金"项目,反映政府财政本年支付除以上项目外与日常活动相关的现金。本项目根据会计账簿中"其他拨款费用""地区间援助费用""其他应付款""应付代管资金""应付国库集中支付结余""在途款""以前年度盈余调整"等科目借方发生额分析填列。

2.投资活动产生的现金流量

(1)现金流入项目

"收回股权投资所收到的现金"项目,反映政府财政本年出售、转让、处置股权等收回投资而收到的现金。本项目根据会计账簿中"股权投资"科目下"投资成本""损益调整"明细科目贷方发生额分析填列。

"取得股权投资收益收到的现金"项目,反映政府财政本年因被投资单位分配股利、利润或处置股权、企业破产清算等产生收益而收到的现金。本项目根据会计账簿中"应收股利""投资收益"科目贷方发生额分析填列。

"收到的其他与投资活动有关的现金"项目,反映政府财政本年收到除以上项目外与投资活动相关的现金。本项目根据会计账簿中"有价证券""应收股利"等科目贷方发生额分析填列。

（2）现金流出项目

"取得股权投资所支出的现金"项目，反映政府财政本年为取得股权投资而支付的现金。本项目根据会计账簿中"股权投资"科目借方发生额分析填列。

"支付其他与投资活动有关的现金"项目，反映政府财政本年支付除以上项目外与投资活动相关的现金。本项目根据会计账簿中"有价证券"等科目借方发生额分析填列。

（3）投资活动产生的现金流量净额。本项目根据现金流入项目合计数减去现金流出项目合计数差额填列，差额小于零则以负数填列。

3. 筹资活动产生的现金流量

（1）现金流入项目

"发行政府债券收到的现金"项目，反映政府财政本年发行国债和地方政府债券收到的现金。本项目根据会计账簿中"应付短期政府债券""应付长期政府债券"科目贷方发生额分析填列。

"借入款项收到的现金"项目，反映政府财政本年借入款项收到的现金。本项目根据会计账簿中"借入款项"科目贷方发生额分析填列。

"取得政府债券转贷款收到的现金"项目，反映政府财政本年取得政府债券转贷款收到的现金。本项目根据会计账簿中"应付地方政府债券转贷款"科目下"应付本金"明细科目贷方发生额分析填列。

"取得主权外债转贷款收到的现金"项目，反映政府财政本年取得主权外债转贷款收到的现金。本项目根据会计账簿中"应付主权外债转贷款"科目下"应付本金"明细科目贷方发生额分析填列。

"收回转贷款本金收到的现金"项目，反映政府财政本年收到下级政府财政归还政府债券转贷款及主权外债转贷款本金相关的现金。本项目根据会计账簿中"应收地方政府债券转贷款""应收主权外债转贷款"科目下"应收本金"明细科目贷方发生额分析填列。

"收到下级上缴转贷款利息相关的现金"项目，反映政府财政本年收到下级政府财政上缴政府债券转贷款及主权外债转贷款利息相关的现金。本项目根据会计账簿中"应收地方政府债券转贷款""应收主权外债转贷款"科目下"应收利息"明细科目贷方发生额分析填列。

"其他筹资活动收到的现金"项目,反映政府财政本年收到的其他与筹资活动相关的现金。本项目根据会计账簿中"其他应付款""其他应收款"等科目贷方发生额分析填列。

（2）现金流出项目

"转贷地方政府债券所支付的现金"项目,反映政府财政本年对下级政府财政转贷地方政府债券所支付的现金。本项目根据会计账簿中"应收地方政府债券转贷款"科目下"应收本金"明细科目借方发生额分析填列。

"转贷主权外债所支付的现金"项目,反映政府财政本年对下级政府财政转贷主权外债所支付的现金。本项目根据会计账簿中"应收主权外债转贷款"科目下"应收本金"明细科目借方发生额分析填列。

"支付债务本金相关的现金"项目,反映政府财政本年偿还政府债务本金所支付的现金。省级以上（含省级）政府财政根据会计账簿中"应付短期政府债券""应付长期政府债券""借入款项"科目借方发生额分析填列；市县政府财政根据会计账簿中"应付地方政府债券转贷款""应付主权外债转贷款"科目下"应付本金"明细科目借方发生额分析填列。

"支付债务利息相关的现金"项目,反映政府财政本年支付政府债务利息相关的现金。省级以上（含省级）政府财政根据会计账簿中"应付利息"科目借方发生额分析填列；市县政府财政根据会计账簿中"应付地方政府债券转贷款""应付主权外债转贷款"科目下"应付利息"明细科目、"财务费用"科目借方发生额分析填列。

"其他筹资活动支付的现金"项目,反映政府财政本年支付的政府债券发行、兑付、登记费用等其他与筹资活动相关的现金。本项目根据会计账簿中"财务费用""其他应付款""其他应收款"等科目借方发生额分析填列。

（3）筹资活动产生的现金流量净额。本项目根据现金流入项目合计数减去现金流出项目合计数差额填列,差额小于零则以负数填列。

4.汇率变动对现金的影响额。反映政府财政外币现金流量折算为人民币时,所采用的即期汇率折算的人民币金额与期末汇率折算的人民币金额之间的差额。本项目根据"财务费用"科目下的"汇兑损益"明细科目发生额分析填列。

5.现金净增加额。本项目反映政府财政本年现金变动的净额,根据本表中"日常活动产生的现金流量净额""投资活动产生的现金流量净额""筹资活动产生的现金流量净额""汇率变动对现金的影响额"项目金额的合计数填列,金额小于零则以负数填列。

四、本年预算结余与本期盈余调节表编制说明

(一)当期预算结余。本项目根据本年预算收入与预算支出的差额填列。

(二)日常活动产生的差异

1."当期确认为收入但没有确认为预算收入"项目

主要为"当期应收未缴库非税收入"项目。本项目反映政府财政本年已确认非税收入但缴款人尚未缴入国库的各项非税款项。根据会计账簿中"应收非税收入"以及"非税收入"科目发生额分析填列。

2."当期确认为预算收入但没有确认为收入"项目

主要为"当期收到上期应收未缴库非税收入"项目。本项目反映政府财政本年收到的上年应收非税收入。根据会计账簿中"应收非税收入"科目贷方发生额以及"国库存款"科目借方发生额分析填列,不含以前年度盈余调整事项和新增确认的非税收入。

3."当期确认为预算支出收回但没有确认为费用收回"项目

(1)"当期收到退回以前年度已列支资金"项目。本项目反映政府财政收到退回的以前年度已列支资金而冲减预算支出的事项。根据会计账簿中"国库存款""其他财政存款"科目借方发生额以及"以前年度盈余调整"科目贷方发生额分析填列。

(2)"当期将以前年度国库集中支付结余收回预算"项目。本项目反映政府财政将以前年度应付国库集中支付结余资金收回预算而冲减预算支出的事项。根据会计账簿中"应付国库集中支付结余"科目借方发生额以及"以前年度盈余调整"科目贷方发生额分析填列。

(三)投资活动产生的差异

1."当期确认为收入但没有确认为预算收入"项目

(1)"当期投资收益或损失"项目。本项目反映政府财政本年确认的股权投资收益。根据会计账簿中"投资收益"科目发生额分析填列。其中,投

资损失以负数填列；不含清算、处置股权投资增加的收益。

（2）"当期无偿划入股权投资"项目。本项目反映政府财政本年接受无偿划入的股权投资。根据会计账簿中"股权投资"科目下"投资成本"明细科目借方发生额、"其他收入"科目贷方发生额分析填列。

2."当期确认为预算支出但没有确认为费用"项目

（1）"当期股权投资增支"项目。本项目反映政府财政本年新增股权投资增加的支出。根据会计账簿中"股权投资"科目下"投资成本"明细科目借方发生额以及"国库存款"科目贷方发生额分析填列，不含无偿划入或权益法调整增加的股权投资以及补记以前年度股权投资。

（2）"当期股权投资减支"项目。本项目反映政府财政本年退出、清算、处置股权投资减少的支出。根据会计账簿中"股权投资"科目下"投资成本"明细科目贷方发生额以及"国库存款"科目借方发生额分析，以负数填列，不含无偿划出或权益法调整减少的股权投资额。

3."当期确认为预算收入但没有确认为收入"项目

（1）"当期收到利润收入和股利股息收入"项目。本项目反映政府财政本年收到被投资主体上缴以前年度利润和股利股息。根据会计账簿中"资金结存——库款资金结存"科目借方发生额以及"一般公共预算收入——利润收入、股利股息收入""国有资本经营预算收入——利润收入、股利股息收入"贷方发生额分析填列，不含清算、处置股权投资增加的收益。

（2）"当期收到清算、处置股权投资的收入"项目。本项目反映政府财政本年清算、处置股权投资发生的收入，需根据"投资收益""国库存款"科目借方发生额、"股权投资"等科目贷方发生额分析填列。

4."当期确认为费用但没有确认为预算支出"项目

主要为"当期无偿划出股权投资费用"项目。本项目反映政府财政本年无偿划出的股权投资。根据会计账簿中"股权投资"科目下"投资成本"明细科目贷方发生额、"其他费用"科目借方发生额分析填列。

（四）筹资活动产生的差异

1."当期确认为预算支出但没有确认为费用"项目

（1）"当期转贷款支出"项目。反映政府财政本年转贷下级政府财政的政府债券、主权外债资金。根据会计账簿中"债务转贷预算支出"科目借方发生额分析填列。

（2）"当期债务还本支出"项目。反映本级政府财政本年偿还的债务本金。根据会计账簿中"债务还本预算支出"科目借方发生额分析填列。

（3）"拨付上年计提债务利息"项目。反映政府财政本年偿还上年已计提的债务利息。根据会计账簿中"应付利息"科目年初贷方余额填列；市县政府财政根据会计账簿中"应付地方政府债券转贷款"和"应付主权外债转贷款"科目下"应付利息"明细科目年初贷方余额填列。

2."当期确认为预算收入但没有确认为收入"项目

（1）"当期债务收入"项目。反映省级以上（含省级）政府财政本年发行政府债券、借入主权外债的收入。根据会计账簿中"债务预算收入"科目贷方发生额分析填列。

（2）"当期转贷款收入"项目。反映市县政府财政本年收到的地方政府债券、主权外债转贷款收入。根据会计账簿中"债务转贷预算收入"贷方发生额分析填列。

3."当期确认为费用但没有确认为预算支出"项目

主要为"当期计提未拨付债务利息"项目。本项目反映政府财政本年已计提需在下一年度支付的利息。省级以上（含省级）政府财政根据会计账簿中"应付利息"科目年末贷方余额填列；市县政府财政根据会计账簿中"应付地方政府债券转贷款——应付利息"以及"应付主权外债转贷款——应付利息"科目年末贷方余额填列。

（五）其他差异事项。本项目反映政府财政其他活动事项产生的差异。其中，减少预算结余和增加本期盈余事项以正数反映，增加预算结余和减少本期盈余事项以负数反映。中央财政计提其他负债产生的费用也在本项目反映。

（六）当期汇兑损益净额。本项目根据"财务费用——汇兑损益"发生额分析填列，汇兑损失以负数反映，汇兑收益以正数反映。

（七）本期盈余（本年收入与费用的差额）。根据本表"当期预算结余""投资活动产生的差异""日常活动产生的差异""筹资活动产生的差异""其他差异事项""当期汇兑损益净额"金额汇总填列。本项目与"收入费用表"本期盈余合计数一致。

五、会计报表附注

总会计财务会计报表附注应当至少披露下列内容：

（一）遵循《财政总会计制度》的声明；

（二）本级政府财政财务状况的说明；

（三）会计报表中列示的重要项目的进一步说明，包括其主要构成、增减变动情况等；

（四）政府财政承担担保责任负债情况的说明；

（五）有助于理解和分析会计报表的其他需要说明的事项。

第五十一条 预算会计报表包括预算收入支出表、一般公共预算执行情况表、政府性基金预算执行情况表、国有资本经营预算执行情况表、财政专户管理资金收支情况表、专用基金收支情况表等会计报表和附注。

预算收入支出表是反映政府财政在某一会计期间各类财政资金收支余情况的报表。预算收入支出表根据资金性质按照收入、支出、结转结余的构成分类、分项列示。

一般公共预算执行情况表是反映政府财政在某一会计期间一般公共预算收支执行结果的报表，按照《政府收支分类科目》中一般公共预算收支科目列示。

政府性基金预算执行情况表是反映政府财政在某一会计期间政府性基金预算收支执行结果的报表，按照《政府收支分类科目》中政府性基金预算收支科目列示。

国有资本经营预算执行情况表是反映政府财政在某一会计期间国有资本经营预算收支执行结果的报表，按照《政府收支分类科目》中国有资本经营预算收支科目列示。

财政专户管理资金收支情况表是反映政府财政在某一会计期间纳入财政专户管理的资金收支情况的报表，按照相关政府收支分类科目列示。

专用基金收支情况表是反映政府财政在某一会计期间专用基金收支情况的报表，按照专用基金类型分别列示。

附注是指对在会计报表中列示项目的文字描述或明细资料，以及对未能在会计报表中列示项目的说明。

第五十二条 预算会计报表的格式如下：

预算收入支出表

总会预 01 表

编制单位：　　　　　　　　　　　　　年　月　　　　　　　　　单位：元

项目	一般公共预算		政府性基金预算		国有资本经营预算		财政专户管理资金		专用基金	
	本月数	本年累计数	本月数	本年累计数	本月数	本年累计数	本月数	本年累计数	本月数	本年累计数
年初结转结余										
收入合计										
本级收入										
其中：来自预算安排的收入	—	—	—	—	—	—				
补助预算收入									—	—
上解预算收入									—	—
地区间援助预算收入										
债务预算收入									—	—
债务转贷预算收入									—	—
动用预算稳定调节基金										
调入预算资金										
支出合计										
本级支出										
其中：权责发生制列支							—	—	—	—
预算安排专用基金的支出	—	—	—	—	—	—				
补助预算支出									—	—
上解预算支出									—	—
地区间援助预算支出	—	—								
债务还本预算支出							—	—	—	—

(续表)

项目	一般公共预算		政府性基金预算		国有资本经营预算		财政专户管理资金		专用基金	
	本月数	本年累计数	本月数	本年累计数	本月数	本年累计数	本月数	本年累计数	本月数	本年累计数
债务转贷预算支出					—	—	—	—	—	—
安排预算稳定调节基金			—	—	—	—	—	—	—	—
调出预算资金										
结余转出					—	—	—	—	—	—
其中：增设预算周转金			—	—	—	—	—	—	—	—
年末结转结余										

注：表中有"—"的部分不必填列。

一般公共预算执行情况表

总会预02-1表

编制单位：　　　　　　　　　　年　月　日　　　　　　　　单位：元

项目	本月（旬）数	本年（月）累计数
一般公共预算收入		
101 税收收入		
10101 增值税		
1010101 国内增值税		
……		
一般公共预算支出		
201 一般公共服务支出		
20101 人大事务		
2010101 行政运行		
……		

政府性基金预算执行情况表

总会预 02-2 表

编制单位：　　　　　　　　　年　月　日　　　　　　　单位：元

项目	本月（旬）数	本年（月）累计数
政府性基金预算收入		
10301 政府性基金收入		
1030102 农网还贷资金收入		
103010201 中央农网还贷资金收入		
……		
政府性基金预算支出		
206 科学技术支出		
20610 核电站乏燃料处理处置基金支出		
2061001 乏燃料运输		
……		

国有资本经营预算执行情况表

总会预 02-3 表

编制单位：　　　　　　　　　年　月　日　　　　　　　单位：元

项目	本月（旬）数	本年（月）累计数
国有资本经营预算收入		
10306 国有资本经营收入		
1030601 利润收入		
103060103 烟草企业利润收入		
……		
国有资本经营预算支出		
208 社会保障和就业支出		

（续表）

项目	本月（旬）数	本年（月）累计数
20804 补充全国社会保障基金		
2080451 国有资本经营预算补充社保基金支出		
……		

财政专户管理资金收支情况表

总会预 03 表

编制单位：　　　　　　　　　　年　月　日　　　　　　　　单位：元

项目	本月（旬）数	本年（月）累计数
财政专户管理资金收入		
财政专户管理资金支出		

专用基金收支情况表

总会预 04 表

编制单位：　　　　　　　　　　年　月　日　　　　　　　　单位：元

项目	本月（旬）数	本年（月）累计数
专用基金收入		
粮食风险基金		
……		
专用基金支出		
粮食风险基金		
……		

第五十三条 总会计应当按照下列规定编制预算会计报表：

（一）预算收入支出表应当按月度和年度编制，一般公共预算执行情况表、政府性基金预算执行情况表、国有资本经营预算执行情况表应当按旬、月度和年度编制，财政专户管理资金收支情况表、专用基金收支情况表应当按月度和年度编制。旬报、月报的报送期限及编报内容应当根据上级政府财政具体要求和本行政区域预算管理的需要办理。

（二）总会计应当根据本制度编制并提供真实、完整的会计报表，切实做到账表一致，不得估列代编，弄虚作假。

（三）总会计要严格按照统一规定的种类、格式、内容、计算方法和编制口径填制会计报表，以保证全国统一汇总和分析。汇总报表的单位，要把所属单位的报表汇集齐全，防止漏报。

第五十四条 预算会计报表的编制说明如下：

一、预算收入支出表的编制说明

（一）本表"本月数"栏反映各项目的本月实际发生数。在编制年度预算收入支出表时，应将本栏改为"上年数"栏，反映上年度各项目的实际发生数；如果本年度预算收入支出表规定的各个项目的名称和内容同上年度不一致，应对上年度预算收入支出表各项目的名称和数字按照本年度的规定进行调整，填入本年度预算收入支出表的"上年数"栏。

本表"本年累计数"栏反映各项目自年初起至报告期末止的累计实际发生数。编制年度预算收入支出表时，应当将本栏改为"本年数"。

（二）本表"本月数"栏各项目的内容和填列方法

1."年初结转结余"项目，反映政府财政本年初各类资金结转结余金额。其中，一般公共预算的"年初结转结余"应当根据"一般公共预算结转结余"科目的年初余额填列；政府性基金预算的"年初结转结余"应当根据"政府性基金预算结转结余"科目的年初余额填列；国有资本经营预算的"年初结转结余"应当根据"国有资本经营预算结转结余"科目的年初余额填列；财政专户管理资金的"年初结转结余"应当根据"财政专户管理资金结余"科目的年初余额填列；专用基金的"年初结转结余"应当根据"专用基金结余"科目的年初余额填列。

2."收入合计"项目,反映政府财政本期取得的各类资金的收入合计金额。其中,一般公共预算的"收入合计"应当根据属于一般公共预算的"本级收入""补助预算收入""上解预算收入""地区间援助预算收入""债务预算收入""债务转贷预算收入""动用预算稳定调节基金"和"调入预算资金"各行项目金额的合计填列;政府性基金预算的"收入合计"应当根据属于政府性基金预算的"本级收入""补助预算收入""上解预算收入""债务预算收入""债务转贷预算收入"和"调入预算资金"各行项目金额的合计填列;国有资本经营预算的"收入合计"应当根据属于国有资本经营预算的"本级收入""补助预算收入""上解预算收入"项目的金额填列;财政专户管理资金的"收入合计"应当根据属于财政专户管理资金的"本级收入"项目的金额填列;专用基金的"收入合计"应当根据属于专用基金的"本级收入"项目的金额填列。

3."本级收入"项目,反映政府财政本期取得的各类资金的本级收入金额。其中,一般公共预算的"本级收入"应当根据"一般公共预算收入"科目的本期发生额填列;政府性基金预算的"本级收入"应当根据"政府性基金预算收入"科目的本期发生额填列;国有资本经营预算的"本级收入"应当根据"国有资本经营预算收入"科目的本期发生额填列;财政专户管理资金的"本级收入"应当根据"财政专户管理资金收入"科目的本期发生额填列;专用基金的"本级收入"应当根据"专用基金收入"科目的本期发生额填列。

4."来自预算安排的收入"项目,反映政府财政本期通过预算安排取得专用基金收入的金额。本项目应当根据"专用基金收入"科目的本期发生额分析填列。

5."补助预算收入"项目,反映政府财政本期取得的各类资金的补助收入金额。其中,一般公共预算的"补助预算收入"应当根据"补助预算收入"科目下的"一般公共预算补助预算收入"明细科目的本期发生额填列;政府性基金预算的"补助预算收入"应当根据"补助预算收入"科目下的"政府性基金预算补助收入"明细科目的本期发生额填列;国有资本经营预算的"补助预算收入"应当根据"补助预算收入"科目下的"国有资本经营预算补助收入"明细科目的本期发生额填列。

6."上解预算收入"项目，反映政府财政本期取得的各类资金的上解预算收入金额。其中，一般公共预算的"上解预算收入"应当根据"上解预算收入"科目下的"一般公共预算上解收入"明细科目的本期发生额填列；政府性基金预算的"上解收入"应当根据"上解收入"科目下的"政府性基金预算上解收入"明细科目的本期发生额填列；国有资本经营预算的"上解收入"应当根据"上解预算收入"科目下的"国有资本经营预算上解收入"明细科目的本期发生额填列。

7."地区间援助预算收入"项目，反映政府财政本期取得的地区间援助预算收入金额。本项目应当根据"地区间援助预算收入"科目的本期发生额填列。

8."债务预算收入"项目，反映政府财政本期取得的债务预算收入金额。其中，一般公共预算的"债务预算收入"应当根据"债务预算收入"科目下除"专项债务收入"以外的其他明细科目的本期发生额填列；政府性基金预算的"债务预算收入"应当根据"债务预算收入"科目下的"专项债务收入"明细科目的本期发生额填列。

9."债务转贷预算收入"项目，反映政府财政本期取得的债务转贷预算收入金额。其中，一般公共预算的"债务转贷预算收入"应当根据"债务转贷预算收入"科目下"一般债务转贷收入"明细科目的本期发生额填列；政府性基金预算的"债务转贷收入"应当根据"债务转贷预算收入"科目下的"专项债务转贷收入"明细科目的本期发生额填列。

10."动用预算稳定调节基金"项目，反映政府财政本期动用的预算稳定调节基金金额。本项目应当根据"动用预算稳定调节基金"科目的本期发生额填列。

11."调入预算资金"项目，反映政府财政本期取得的调入预算资金金额。其中，一般公共预算的"调入预算资金"应当根据"调入预算资金"科目下"一般公共预算调入资金"明细科目的本期发生额填列；政府性基金预算的"调入预算资金"应当根据"调入预算资金"科目下"政府性基金预算调入资金"明细科目的本期发生额填列。

12."支出合计"项目，反映政府财政本期发生的各类资金的支出合计金额。其中，一般公共预算的"支出合计"应当根据属于一般公共预算的"本级支出""补助预算支出""上解预算支出""地区间援助预算支出""债务还本预算支出""债务转贷预算支出""安排预算稳定调节基金"和"调出预算资金"各行项目金额的合计填列；政府性基金预算的"支出合计"应当根据属于政府性基金预算的"本级支出""补助预算支出""上解预算支出""债务还本预算支出""债务转贷预算支出"和"调出预算资金"各行项目金额的合计填列；国有资本经营预算的"支出合计"应当根据属于国有资本经营预算的"本级支出""补助预算支出""上解预算支出"和"调出预算资金"项目金额的合计填列；财政专户管理资金的"支出合计"应当根据属于财政专户管理资金的"本级支出"项目的金额填列；专用基金的"支出合计"应当根据属于专用基金的"本级支出"项目的金额填列。

13."本级支出"项目，反映政府财政本期发生的各类资金的本级支出金额。其中，一般公共预算的"本级支出"应当根据"一般公共预算支出"科目的本期发生额填列；政府性基金预算的"本级支出"应当根据"政府性基金预算支出"科目的本期发生额填列；国有资本经营预算的"本级支出"应当根据"国有资本经营预算支出"科目的本期发生额填列；财政专户管理资金的"本级支出"应当根据"财政专户管理资金支出"科目的本期发生额填列；专用基金的"本级支出"应当根据"专用基金支出"科目的本期发生额填列。

14."权责发生制列支"项目，反映省级以上（含省级）政府财政国库集中支付中，应列为当年费用，但年末尚未支付需结转下一年度支付的款项。其中，一般公共预算的"权责发生制列支项目"应当根据"一般公共预算支出"科目的本期发生额分析填列；政府性基金预算的"权责发生制列支项目"应当根据"政府性基金预算支出"科目的本期发生额分析填列；国有资本经营预算的"权责发生制列支项目"应当根据"国有资本经营预算支出"科目的本期发生额分析填列。

15."预算安排专用基金的支出"项目，反映政府财政本期通过预算安排取得专用基金收入的金额。本项目应当根据"一般公共预算支出"科目的本期发生额分析填列。

16. "补助预算支出"项目，反映政府财政本期发生的各类资金的补助预算支出金额。其中，一般公共预算的"补助预算支出"应当根据"补助预算支出"科目下的"一般公共预算补助支出"明细科目的本期发生额填列；政府性基金预算的"补助预算支出"应当根据"补助预算支出"科目下的"政府性基金预算补助支出"明细科目的本期发生额填列；国有资本经营预算的"补助预算支出"应当根据"补助预算支出"科目下的"国有资本经营预算补助支出"明细科目的本期发生额填列。

17. "上解预算支出"项目，反映政府财政本期发生的各类资金的上解预算支出金额。其中，一般公共预算的"上解预算支出"应当根据"上解预算支出"科目下的"一般公共预算上解支出"明细科目的本期发生额填列；政府性基金预算的"上解预算支出"应当根据"上解预算支出"科目下的"政府性基金预算上解支出"明细科目的本期发生额填列；国有资本经营预算的"上解预算支出"应当根据"上解预算支出"科目下的"国有资本经营预算上解支出"明细科目的本期发生额填列。

18. "地区间援助预算支出"项目，反映政府财政本期发生的地区间援助预算支出金额。本项目应当根据"地区间援助预算支出"科目的本期发生额填列。

19. "债务还本预算支出"项目，反映政府财政本期发生的债务还本预算支出金额。其中，一般公共预算的"债务还本预算支出"应当根据"债务还本预算支出"科目下除"专项债务还本支出"以外的其他明细科目的本期发生额填列；政府性基金预算的"债务还本预算支出"应当根据"债务还本预算支出"科目下的"专项债务还本支出"明细科目的本期发生额填列。

20. "债务转贷预算支出"项目，反映政府财政本期发生的债务转贷预算支出金额。其中，一般公共预算的"债务转贷预算支出"应当根据"债务转贷预算支出"科目下"一般债务转贷支出"明细科目的本期发生额填列；政府性基金预算的"债务转贷支出"应当根据"债务转贷支出"科目下的"专项债务转贷支出"明细科目的本期发生额填列。

21."安排预算稳定调节基金"项目,反映政府财政本期安排的预算稳定调节基金金额。本项目根据"安排预算稳定调节基金"科目的本期发生额填列。

22."调出预算资金"项目,反映政府财政本期发生的各类资金的调出资金金额。其中,一般公共预算的"调出预算资金"应当根据"调出预算资金"科目下"一般公共预算调出资金"明细科目的本期发生额填列;政府性基金预算的"调出预算资金"应当根据"调出预算资金"科目下"政府性基金预算调出资金"明细科目的本期发生额填列;国有资本经营预算的"调出预算资金"应当根据"调出预算资金"科目下"国有资本经营预算调出资金"明细科目的本期发生额填列。

23."增设预算周转金"项目,反映政府财政本期设置或补充预算周转金的金额。本项目应当根据"预算周转金"科目的本期贷方发生额填列。

24."年末结转结余"项目,反映政府财政本年末的各类资金的结转结余金额。其中,一般公共预算的"年末结转结余"应当根据"一般公共预算结转结余"科目的年末余额填列;政府性基金预算的"年末结转结余"应当根据"政府性基金预算结转结余"科目的年末余额填列;国有资本经营预算的"年末结转结余"应当根据"国有资本经营预算结转结余"科目的年末余额填列;财政专户管理资金的"年末结转结余"应当根据"财政专户管理资金结余"科目的年末余额填列;专用基金的"年末结转结余"应当根据"专用基金结余"科目的年末余额填列。

二、一般公共预算执行情况表的编制说明

(一)"一般公共预算收入"项目及所属各明细项目,应当根据"一般公共预算收入"科目及所属各明细科目的本期发生额填列。

(二)"一般公共预算支出"项目及所属各明细项目,应当根据"一般公共预算支出"科目及所属各明细科目的本期发生额填列。

三、政府性基金预算执行情况表的编制说明

(一)"政府性基金预算收入"项目及所属各明细项目,应当根据"政府性基金预算收入"科目及所属各明细科目的本期发生额填列。

(二)"政府性基金预算支出"项目及所属各明细项目,应当根据"政府性基金预算支出"科目及所属各明细科目的本期发生额填列。

四、国有资本经营预算执行情况表的编制说明

（一）"国有资本经营预算收入"项目及所属各明细项目，应当根据"国有资本经营预算收入"科目及所属各明细科目的本期发生额填列。

（二）"国有资本经营预算支出"项目及所属各明细项目，应当根据"国有资本经营预算支出"科目及所属各明细科目的本期发生额填列。

五、财政专户管理资金收支情况表的编制说明

（一）"财政专户管理资金收入"项目及所属各明细项目，应当根据"财政专户管理资金收入"科目及所属各明细科目的本期发生额填列。

（二）"财政专户管理资金支出"项目及所属各明细项目，应当根据"财政专户管理资金支出"科目及所属各明细科目的本期发生额填列。

六、专用基金收支情况表的编制说明

（一）"专用基金收入"项目及所属各明细项目，应当根据"专用基金收入"科目及所属各明细科目的本期发生额填列。

（二）"专用基金支出"项目及所属各明细项目，应当根据"专用基金支出"科目及所属各明细科目的本期发生额填列。

七、会计报表附注

总会计预算会计报表附注应当至少披露下列内容：

（一）遵循《财政总会计制度》的声明；

（二）本级政府财政预算执行情况的说明；

（三）会计报表中列示的重要项目的进一步说明，包括其主要构成、增减变动情况等；

（四）有助于理解和分析会计报表的其他需要说明的事项。

第六章　信息化管理

第五十五条　各级财政部门应当加强有关业务处理系统及网络的建设和运行维护，确保各级总会计采用的会计信息管理系统必须符合本制度规定的核算方法，系统运行安全稳定、业务办理规范有序、业务信息真实有效。

第五十六条　各级财政部门应不断推进会计信息化应用，加强会计信息管

理系统电子化改造，推进与其他有关业务系统的有效衔接，不断提高总会计账务处理及报表生成的自动化程度，并为会计档案电子化管理提供支撑。

第五十七条 各级总会计不得直接在会计信息管理系统中更改登记有误的账簿信息，应当采取冲销法或补充登记法重新填制调账记账凭证，复核无误后登记会计账簿。

第五十八条 信息系统储存的总会计原始数据应当由专人定期备份至专用存储设备。保存电子会计数据的存储介质应当纳入容灾备份体系妥善保管。

第七章 会 计 监 督

第五十九条 各级总会计应加强对各项财政业务的核算管理与会计监督。严格依法办事，对于不合法的会计事项，应及时予以纠正或按程序反映。

第六十条 各级总会计应加强对预算单位财政资金使用情况的管理，及时了解掌握有关单位的用款情况，发现问题及时按程序反映。

第六十一条 各级总会计应自觉接受人民代表大会、审计、监察部门，以及上级政府财政部门的监督，按规定向人民代表大会、审计、监察部门以及上级政府财政部门提供有关资料。

第八章 附 则

第六十二条 本制度所称会计核算、财务会计、预算会计、收付实现制、权责发生制与《政府会计准则——基本准则》一致。

第六十三条 本制度未特殊规定的一般会计处理方法，按照财政部有关规定处理。会计档案的管理，按照财政部、国家档案局《会计档案管理办法》执行。

第六十四条 各级财政部门对不同类型资金活动根据管理需要可单独设账核算。

第六十五条 地方各级财政部门在与本制度不相违背的前提下，负责制定本地区总会计有关具体核算办法。

第六十六条 本制度自 2023 年 1 月 1 日起执行。《财政部关于印发〈财政总预算会计制度〉的通知》（财库〔2015〕192号）、《财政部关于印发〈新旧财政总预算会计制度有关衔接问题的处理规定〉的通知》（财库〔2015〕205号）、《财政部关于收回财政存量资金预算会计处理有关问题的通知》（财预〔2015〕81号）、《财政部关于国债做市支持操作总预算会计账务处理的通知》（财库〔2017〕91号）同时废止。

《财政总会计制度》与《财政总预算会计制度》有关衔接问题的处理规定

(财库〔2022〕41号印发)

《财政总会计制度》印发施行后，目前执行的《财政总预算会计制度》(财库〔2015〕192号，以下简称原制度)不再执行。为了确保新旧制度顺利过渡，现对财政总会计(以下简称总会计)执行新制度的有关衔接问题规定如下：

一、新旧制度衔接总要求

(一)2022年年终结账采用按原制度办理年终转账和结账，按新制度记入新账的办法。自2023年1月1日起，各级总会计应当严格按照新制度的规定进行会计核算、编制财务会计报表和预算会计报表。

(二)各级总会计应当按照本规定做好新旧制度的衔接。相关工作包括以下几个方面：

1. 根据原账编制2022年年终结账后的科目余额表。

2. 按照新制度设立2023年1月1日的新账。

3. 按照本规定要求，登记新账的财务会计科目余额和预算结余科目余额，包括将原账科目余额转入到新账财务会计科目、按照原账科目余额登记新账预算结余科目，将未入账事项登记新账科目，并对相关新账科目余额进行调整。原账科目是指原制度规定的会计科目。

新旧制度转账、登记新账科目对照关系参见本规定附表。

4. 根据新账各会计科目期初余额，按照新制度编制2023年1月1日的科目余额表，作为新账各会计科目的期初余额。

5. 根据新账各会计科目期初余额，按照新制度编制2023年1月1日资产负债表。

（三）各级总会计应当按照新制度规定，及时与非税收入管理部门、股权管理部门、债务管理部门沟通，获取应收非税收入、应收股利、股权、债权和债务等相关事项核算资料，确保登记新账准确完整。

（四）及时改造会计信息系统。各级总会计应当对原有会计信息系统及时进行升级改造，实现数据正确转换，确保新旧账务有序衔接及新制度有效贯彻落实。

二、财务会计科目的新旧衔接

（一）将2022年12月31日原账会计科目余额转入新账财务会计科目。

1. 资产类。

（1）"国库存款""其他财政存款""有价证券""应收股利""借出款项""与下级往来""预拨经费""在途款""其他应收款"和"应收主权外债转贷款"科目。

新制度设置了"国库存款""其他财政存款""有价证券""应收股利""借出款项""与下级往来""预拨经费""在途款""其他应收款"和"应收主权外债转贷款"科目，其核算内容与原账的上述相应科目的核算内容基本相同。转账时，总会计应当将原账的上述相应科目余额直接转入到新账的相应科目。

总会计在转账前应对"应收股利"科目进行确认。财政股权管理部门要对纳入总会计核算的股权投资进行梳理，根据被投资主体2022年度经审计后的决算报表，及时向总会计提供应收股利核算相关信息。总会计应当按照股权管理部门提供的相关资料，在上年度原账中确认"应收股利"科目余额。

（2）"国库现金管理存款"科目。

新制度设置了"国库现金管理资产"科目，下设"商业银行定期存款"和"其他国库现金管理资产"一级明细科目。转账时，总会计应当将原账"国库现金管理存款"科目余额转入到新账"国库现金管理资产——商业银行定期存款"科目。

（3）"应收地方政府债券转贷款"科目。

新制度设置了"应收地方政府债券转贷款"科目，下设"应收本金""应收利息"一级明细科目。原制度设置了"应收地方政府债券转贷款"科目及"应收地方政府一般债券转贷款""应收地方政府专项债券转贷款"一级明细科目，在一级明细科目下分别设置"应收本金""应收利息"二级明细科目。

转账时，总会计应当将原账"应收地方政府债券转贷款"各一级明细科目下"应收本金"明细科目余额汇总转入到新账"应收地方政府债券转贷款——应收本金"科目；将原账"应收地方政府债券转贷款"各一级明细科目下"应收利息"明细科目余额汇总转入到新账"应收地方政府债券转贷款——应收利息"科目。

（4）"股权投资"科目。

总会计在转账前应对"股权投资"科目进行确认。财政股权管理部门要对纳入总会计核算的股权投资进行梳理，根据被投资主体2022年度经审计后的决算报表，及时向总会计提供股权投资核算相关信息。总会计按照股权管理部门提供的相关资料，在上年度原账中分别确认"股权投资——投资成本/损益调整/其他权益变动"。

新制度设置了"股权投资"科目，下设"国际金融组织股权投资""政府投资基金股权投资""企业股权投资"一级明细科目。与原制度"股权投资"科目及其一级明细科目的核算内容基本相同。

新账采用权益法对"股权投资"进行核算的，新制度要求按照"投资成本""损益调整""其他权益变动"二级明细科目核算。转账时，总会计应当将原账股权投资科目"投资成本""损益调整""其他权益变动"明细科目余额分别转入到新账的相应明细科目中；将原账股权投资科目"收益转增投资"明细科目余额转入到新账"股权投资——投资成本"科目。

新账采用成本法对"股权投资"进行核算的，转账时，总会计应当将原账科目股权投资"投资成本""损益调整""收益转增投资""其他权益变动"明细科目余额全部转入到新账"股权投资——投资成本"科目。

（5）"待发国债"科目。

根据新制度，财务会计无需对原制度中"待发国债"科目对应的内容进行核算。转账时，总会计应当将"待发国债"科目借方余额全部转入到新账"累计盈余——预算管理资金累计盈余"科目借方。

2. 负债类。

（1）"与上级往来""其他应付款""应付代管资金""应付主权外债转贷款""其他负债"科目。

新制度设置了"与上级往来""其他应付款""应付代管资金""应付主权外债转贷款""其他负债"科目，其核算内容与原账的上述相应科目的核算内容基本相同。转账时，总会计应当将原账的上述相应科目余额直接转入到新账的相应科目。

（2）"应付国库集中支付结余"科目。

新制度设置了"应付国库集中支付结余"科目，其核算内容与原账的上述相应科目的核算内容基本相同。转账时，总会计应当将原账的上述相应科目余额直接转入到新账的相应科目。

（3）"应付短期政府债券"科目。

新制度设置了"应付短期政府债券"科目，下设"应付国债""应付地方政府一般债券""应付地方政府专项债券"一级明细科目，原制度设置了相同的一级明细科目，在一级明细科目下分别设置"应付本金""应付利息"二级明细科目。转账时，总会计应当将原账"应付短期政府债券"各一级明细科目下"应付本金"明细科目余额转入到新账"应付短期政府债券"科目下的相应明细科目。

新制度设置了"应付利息"科目，下设"应付国债利息""应付地方政府债券利息""应付地方政府主权外债利息"一级明细科目。转账时，总会计应当将原账"应付短期政府债券——应付国债"下"应付利息"明细科目余额转入到新账"应付利息——应付国债利息"科目；将原账"应付短期政府债券"下的"应付地方政府一般债券""应付地方政府专项债券"中的"应付利息"明细科目余额汇总转入到新账"应付利息——应付地方政府债券利息"科目；将原账"借入款项——应付利息"明细科目余额转入到新账"应付利息——应付国债利息""应付利息——应付地方政府主权外债利息"科目。

（4）"应付长期政府债券"科目。

新制度设置了"应付长期政府债券"科目，下设"应付国债""应付地方政府一般债券""应付地方政府专项债券"一级明细科目，原制度设置了相同的一级明细科目，在一级明细科目下分别设置"应付本金""应付利息"

二级明细科目。转账时，总会计应当将原账"应付长期政府债券"各一级明细科目下"应付本金"明细科目余额转入到新账"应付长期政府债券"科目下的相应明细科目。

新制度设置了"应付利息"科目。转账时，总会计应当将原账"应付长期政府债券——应付国债"下"应付利息"明细科目余额转入到新账"应付利息——应付国债利息"科目；将原账"应付长期政府债券"下的"应付地方政府一般债券""应付地方政府专项债券"中的"应付利息"明细科目余额汇总转入到新账"应付利息——应付地方政府债券利息"科目。

（5）"借入款项"科目。

新制度设置了"借入款项"科目，原制度设置了"借入款项"科目，下设"应付本金""应付利息"明细科目。转账时，总会计应当将原账"借入款项——应付本金"明细科目余额转入到新账"借入款项"科目。

新制度设置了"应付利息"科目。转账时，总会计应当将原账"借入款项——应付利息"明细科目余额转入到新账"应付利息——应付国债利息""应付利息——应付地方政府主权外债利息"科目。

（6）"应付地方政府债券转贷款"科目。

新制度设置了"应付地方政府债券转贷款"科目，下设"应付本金""应付利息"一级明细科目。原制度设置了"应付地方政府债券转贷款"科目，下设"应付地方政府一般债券转贷款""应付地方政府专项债券转贷款"一级明细科目，在一级明细科目下分别设置"应付本金""应付利息"二级明细科目。

转账时，总会计应当将原账"应付地方政府债券转贷款"各一级明细科目下"应付本金"明细科目余额汇总转入到新账"应付地方政府债券转贷款——应付本金"科目；将原账"应付地方政府债券转贷款"各一级明细科目下"应付利息"明细科目余额汇总转入到新账"应付地方政府债券转贷款——应付利息"科目。

3.净资产类。

（1）"预算稳定调节基金""预算周转金"科目。

新制度设置了"预算稳定调节基金""预算周转金"科目，其核算内容与原账的上述相应科目的核算内容基本相同。转账时，总会计应当将原账的上述相应科目余额直接转入到新账的相应科目。

（2）"一般公共预算结转结余""政府性基金预算结转结余""国有资本经营预算结转结余""财政专户管理资金结余""专用基金结余"科目。

新制度设置了"累计盈余"科目，下设"预算管理资金累计盈余""财政专户管理资金累计盈余""专用基金累计盈余"一级明细科目。转账时，总会计应当将原账的"一般公共预算结转结余""政府性基金预算结转结余""国有资本经营预算结转结余"余额汇总转入到新账"累计盈余——预算管理资金累计盈余"科目；将原账"财政专户管理资金结余"科目余额转入到新账"累计盈余——财政专户管理资金累计盈余"科目；将原账"专用基金结余"科目余额转入到新账"累计盈余——专用基金累计盈余"科目。

（3）"资产基金""待偿债净资产"科目。

根据新制度，总会计无需对原制度中"资产基金""待偿债净资产"科目对应的内容进行核算。转账时，总会计应当根据股权管理部门提供的资料，将原账"资产基金"贷方科目余额中属于"股权投资——其他权益变动"的金额转入到新账"权益法调整"科目，其余科目贷方余额转入到新账"累计盈余——预算管理资金累计盈余"科目贷方；将原账"待偿债净资产"科目借方余额转入到新账"累计盈余——预算管理资金累计盈余"科目借方。

4. 收入类、支出类。

由于原账中收入类、支出类科目年末无余额，总会计无需进行转账处理。自 2023 年 1 月 1 日起，总会计应当按照新制度设置收入类、费用类科目并进行账务处理。

5. 各级政府财政如存在其他本规定未列举的原账科目余额的，总会计应当按照新制度要求，比照本规定将原账科目余额转入新账的相应科目。新账中科目设有明细科目的，总会计应当对原账中对应科目的余额加以分析，分别转入新账中相应科目的相关明细科目。

6. 总会计在进行新旧衔接的转账时，应当编制转账的工作分录，作为转账的工作底稿，并将转入新账的对应原账户余额及拆分原账户余额的依据作为原始凭证。

(二)将原未入账事项登记新账财务会计科目。

1. 关于原未入账的应收非税收入。

在新旧制度转换时,各级政府财政非税收入管理部门能够提供上年末已开具非税收入缴款票据、尚未缴入本级国库的应收非税收入数据的,总会计应当根据非税收入征收管理部门提供的相关资料,确认记入新账"应收非税收入"科目的期初余额。具体会计处理如下:借记"应收非税收入"科目,贷记"累计盈余——预算管理资金累计盈余"科目。

2. 关于原未入账的主权外债事项。

在新旧制度转换时,各级政府财政存在未将主权外债纳入总会计核算的,债务管理部门应对政府财政承担直接偿还责任的主权外债本金、利息进行梳理,并将相关资料提供总会计进行账务处理。

(1)属于本级政府承担债务本金部分,借记"累计盈余——预算管理资金累计盈余"科目,贷记"借入款项""应付主权外债转贷款——应付本金"科目。

(2)属于本级政府承担债务利息部分,借记"累计盈余——预算管理资金累计盈余"科目,贷记"应付利息——应付地方政府主权外债利息""应付主权外债转贷款——应付利息"科目。

(3)属于本级政府享有的主权外债债权部分,借记"应收主权外债转贷款——应收本金""应收主权外债转贷款——应收利息"科目,贷记"累计盈余——预算管理资金累计盈余"科目。

三、预算会计科目的新旧衔接

(一)原制度结余科目与新制度预算结余科目对应。

新制度设置了"一般公共预算结转结余""政府性基金预算结转结余""国有资本经营预算结转结余""财政专户管理资金结余""专用基金结余"科目,与原制度"一般公共预算结转结余""政府性基金预算结转结余""国有资本经营预算结转结余""财政专户管理资金结余""专用基金结余"科目对应。

转账时,总会计应当将原账的"一般公共预算结转结余""政府性基金预算结转结余""国有资本经营预算结转结余""财政专户管理资金结余""专用基金结余"科目余额直接转入新账的相应科目。

（二）原制度"预算稳定调节基金""预算周转金"科目与新制度预算结余科目对应。

新制度设置了"预算稳定调节基金""预算周转金"科目，其核算内容与原账的上述相应科目的核算内容基本相同。转账时，总会计应当将原账的上述相应科目余额直接转入到新账的相应科目。

（三）原制度结转结余科目及相关资产负债科目与新制度"资金结存"科目对应。

1.原制度"在途款"科目与新制度"资金结存——在途款资金结存"科目对应。

转账时，总会计应当将原账的"在途款"科目借方余额转入到新账"资金结存——在途款资金结存"科目借方。

2.原制度"应付国库集中支付结余"科目与新制度"资金结存——集中支付结余结存"科目对应。

转账时，总会计应当将原账的"应付国库集中支付结余"科目贷方余额转入到新账"资金结存——集中支付结余结存"科目贷方。

3.原制度"与上级往来""与下级往来"科目金额与新制度"资金结存——上下级调拨结存"科目对应。

转账时，总会计应当将原账的"与下级往来"科目借方余额转入到新账"资金结存——上下级调拨结存"科目借方，"与上级往来"科目贷方余额转入到新账"资金结存——上下级调拨结存"科目贷方。

4.原制度"预拨经费"科目与新制度"资金结存 待处理结存"科目对应。

转账时，总会计应当将原账中"预拨经费"科目借方余额转入新账"资金结存——待处理结存"科目借方。

5.原制度"其他应付款"科目与新制度"资金结存——待处理结存"科目对应。

转账时，总会计应当对"其他应付款"科目余额加以分析，属于收回以前年度结转结余资金的部分转入"资金结存——待处理结存"科目贷方。

《财政总会计制度》与《财政总预算会计制度》有关衔接问题的处理规定

6. 原制度"待发国债"科目与新制度"资金结存——待发国债结存"科目对应。

转账时,总会计应当将原账"待发国债"科目借方余额转入新账"资金结存——待发国债结存"科目借方。

7. 原制度"财政专户管理资金结余""专用基金结余"科目与新制度"资金结存——专户资金结存"科目对应。

转账时,总会计应当将原账"财政专户管理资金结余""专用基金结余"科目贷方余额,分别转入到新账"资金结存——专户资金结存"科目借方。

8. 原制度结转结余与新制度"资金结存——库款资金结存"科目对应。

转账时,原账"一般公共预算结转结余""政府性基金预算结转结余""国有资本经营预算结转结余""预算稳定调节基金""预算周转金"科目贷方余额,减去"资金结存——在途款资金结存""资金结存——集中支付结余结存""资金结存——上下级调拨结存""资金结存——待处理结存""资金结存——待发国债结存""资金结存——专户资金结存"科目后的余额转入到新账"资金结存——库款资金结存"科目借方。

以上转账完成后,新账"资金结存"科目借方余额与"一般公共预算结转结余""政府性基金预算结转结余""国有资本经营预算结转结余""财政专户管理资金结余""专用基金结余""预算稳定调节基金""预算周转金"科目贷方余额的合计数相等。

(四)预算收入类、预算支出类会计科目。

由于原账中收入类、支出类科目年末无余额,总会计无需进行转账处理。自 2023 年 1 月 1 日起,总会计应当按照新制度设置预算收入类、预算支出类科目并进行账务处理。

四、财务会计报表与预算会计报表的新旧衔接

(一)编制 2023 年 1 月 1 日资产负债表。

总会计应当根据 2023 年 1 月 1 日新账的财务会计科目余额,按照新制度编制 2023 年 1 月 1 日资产负债表(仅要求填报各项目"年初余额")。

(二)2023 年度财务会计报表和预算会计报表的编制。

总会计应当按照新制度规定编制 2023 年度财务会计报表和预算会计报

表。在编制 2023 年度收入费用表、现金流量表时，不要求填列上年比较数。

五、其他事项

（一）省级以下各级政府财政"应付国库集中支付结余"科目和"资金结存——集中支付结余结存"科目余额要逐渐消化为零。

（二）2023 年 1 月 1 日后执行新制度的各级政府财政部门，应当按照本规定做好新旧制度衔接工作。

新旧制度转账、登记新账科目对照表

财政总会计制度会计科目			财政总预算会计制度会计科目（2015）	
序号	科目编号	会计科目名称	科目编号	会计科目名称
一、资产类				
1	1001	国库存款	1001	国库存款
2	1002	其他财政存款	1004	其他财政存款
3	1003	国库现金管理资产	1003	国库现金管理存款
			1005	财政零余额账户存款
4	1011	有价证券	1006	有价证券
5	1021	应收非税收入 *		
6	1022	应收股利	1022	应收股利
7	1031	借出款项	1021	借出款项
8	1032	与下级往来	1031	与下级往来
9	1033	预拨经费	1011	预拨经费
10	1034	在途款	1007	在途款
11	1035	其他应收款	1036	其他应收款
12	1041	应收地方政府债券转贷款	1041	应收地方政府债券转贷款

《财政总会计制度》与《财政总预算会计制度》有关衔接问题的处理规定

（续表）

\multicolumn{3}{c}{财政总会计制度会计科目}	\multicolumn{2}{c}{财政总预算会计制度会计科目（2015）}
序号	科目编号	会计科目名称	科目编号	会计科目名称
13	1042	应收主权外债转贷款	1045	应收主权外债转贷款
14	1061	股权投资	1071	股权投资
			1081	待发国债
\multicolumn{5}{c}{二、负债类}
15	2001	应付短期政府债券	2001	应付短期政府债券（应付本金）
16	2011	应付国库集中支付结余	2011	应付国库集中支付结余
17	2012	与上级往来	2012	与上级往来
18	2013	其他应付款	2015	其他应付款
19	2014	应付代管资金	2017	应付代管资金
20	2015	应付利息*		应付短期政府债券（应付利息）应付长期政府债券（应付利息）借入款项（应付利息）
21	2021	应付长期政府债券	2021	应付长期政府债券（应付本金）
22	2022	借入款项	2022	借入款项（应付本金）
23	2031	应付地方政府债券转贷款	2026	应付地方政府债券转贷款
24	2032	应付主权外债转贷款	2027	应付主权外债转贷款
25	2041	其他负债	2045	其他负债
			2091	已结报支出
\multicolumn{5}{c}{三、净资产}
26	3001	累计盈余*		

(续表)

财政总会计制度会计科目			财政总预算会计制度会计科目（2015）	
序号	科目编号	会计科目名称	科目编号	会计科目名称
27	300101	预算管理资金累计盈余*	3001	一般公共预算结转结余
28			3002	政府性基金预算结转结余
29			3003	国有资本经营预算结转结余
			3081	资产基金
			3082	待偿债净资产
30	300102	财政专户管理资金累计盈余*	3005	财政专户管理资金结余
31	300103	专用基金累计盈余*	3007	专用基金结余
32	3011	本期盈余*		
33	301101	预算管理资金本期盈余*		
34	301102	财政专户管理资金本期盈余*		
35	301103	专用基金本期盈余*		
36	3021	预算稳定调节基金	3031	预算稳定调节基金
37	3022	预算周转金	3033	预算周转金
38	3041	权益法调整*		
39	3051	以前年度盈余调整*		
四、预算结余类				
40	8001	一般公共预算结转结余	3001	一般公共预算结转结余
41	8002	政府性基金预算结转结余	3002	政府性基金预算结转结余
42	8003	国有资本经营预算结转结余	3003	国有资本经营预算结转结余
43	8005	财政专户管理资金结余	3005	财政专户管理资金结余

《财政总会计制度》与《财政总预算会计制度》有关衔接问题的处理规定

（续表）

财政总会计制度会计科目			财政总预算会计制度会计科目（2015）	
序号	科目编号	会计科目名称	科目编号	会计科目名称
44	8007	专用基金结余	3007	专用基金结余
45	8031	预算稳定调节基金	3031	预算稳定调节基金
46	8033	预算周转金	3033	预算周转金
47	8041	资金结存（借方）	3001	一般公共预算结转结余
			3002	政府性基金预算结转结余
			3003	国有资本经营预算结转结余
			3005	财政专户管理资金结余
			3007	专用基金结余
			3031	预算稳定调节基金
			3033	预算周转金

注：带 * 科目为新增会计科目。